天命の暗号

Tenmei no Angou ［新版］

人生の羅針盤「魂」の
本音に気づく22の質問

出口 光
Hikaru Deguchi

あさ出版

本書は、2006年に刊行された『天命の暗号』
（中経出版刊）に加筆・修正をしたものです。

まえがき 時代の衝動、魂の衝動

あなたは何のために生きるのか。

二一世紀に生きるあなたは、時代の衝動を感じないだろうか。これまでの政治や経済、そして教育のシステムが人間の幸せのために働かなくなっている。それを根本的に変えようとする時代的な衝動である。

このことに呼応するかのように、あなたは自らの魂の衝動をも感じていないだろうか。あるいは、その衝動をうすうす感じながらも、なんとか見ないようにしていないだろうか。

そもそもあなたはいったい何者なのだろうか。

現代の教育は、「人間とは何か」を教えてくれはしない。ましてや「自分は何者なのか」という根源的な問いを考える機会すらもない。

二〇〇六年に『天命の暗号』を出版して、版を重ね、はや一二年が経つ。その間、ますます「生きがい」や「働きがい」が失われてきている。しかも人工知能やロボットが人間の仕事の大半を奪おうとしている。

半年ほど前に、ある医学会の会長からお電話をいただいた。

『『天命の暗号』を読んで、なぜ病気が治らないかがわかった。究極は、医者が心と魂の区別ができていないからだ。ついては、知人・友人に読ませたいので三〇〇冊ほど本を購入させてもらえないか」とのこと。

私は会長の熱心さに深く感謝した。出版して以降、人間に関して新たな洞察がたくさんあったことから、これを「天機」と捉えて新版を出すことを決意した。

天命とは不思議な言葉だ。

誰もが知っているが日常的に使うことは少ない。しかもなぜか触れることを畏《おそ》れさせる。

だが、本当は誰もが、「自分の天命」を知りたいのではないだろうか。

私はすべての人の心の奥底に天命があり、しかもそれをつかむことができれば、生きることへの「究極の情熱」になると確信している。

本書で探求する天命は、難しい哲学や宗教的な教えに基づく机上の話ではない。価値観や経験の異なる多くの人たちの実例を積み重ねて、導き出された「天命をつかむ方法」である。

言い方を換えれば、この本はあなたが天命を見出し、それを仕事や家族、経営などといった人生の現場で活用するためにある。しかも二一世紀は、地球環境と人間精神の破壊が進み、人類の危機を迎えるという共通の認識ができつつある。この時代の衝動に、あなたが貢献できることは山ほどある。

これから私が問いかける二二の質問に取り組んでほしい。

あなたがそれに反応することで、自身の中にすでにある天命を取り出し、あなただけの新鮮な人生を歩むことができるだろう。

二〇一八年六月

出口　光

第五章 聴き方から天命をつかむ

第六章 天命を仕事、人間関係に生かす

第七章 天命の暗号を解く

第八章 天命に志す

プロローグ

なぜ天命を探求するのか

なぜ私が天命の探求の方法をあなたに語るに至ったのか、まず、私の生い立ちから話したいと思う。

自己紹介なので、この部分だけ「文体」を変えさせていただきたい。

私の生い立ち

私は京都市の隣にある亀岡市の出身で、神道家の一族として生まれました。出口王仁三郎《でぐちおにさぶろう》は曽祖父に当たります。

私の育った環境には、お茶、能楽、書道などの日本の伝統文化が息づいていました。暑い夏の日の夕方、小学校から家に帰ると、祖母は鼓《つづみ》を打っていました。せみしぐれの中に、鼓の音が溶け消えていきました。大人たちは、人間は何のために生まれてきたのか、人生をどう生きるべきかなど、精神的な話をしていたことを思い出します。

そのような環境で育ったからなのか、歳を重ねるにつれ人間に興味を持つように。ただ、実家の精神的、宗教的な環境への反発から、「人間を科学的、合理的に研究したい」という思いが強まり、慶應義塾大学で実験心理学を専攻しました。


大学卒業後、渡米してアメリカ中西部の大平原にあるカンザス大学人間発達学部の大学院に進み、人間を科学的に研究する応用行動分析学を学び、博士号を取得しました。研究生活で学んだ「人間行動の原理」を、実社会に役立てたいという私の志が、しだいに固まっていったのです。

また、米国にいる間に、キリスト教に根ざした異文化に触れ、日本の伝統と文化のすばらしさを体感するようになりました。あとでわかることですが、これが日本文化の底流にある「伝統的な精神」と「天命」の密接な関係を見出すことにつながりました。

帰国後、大学で教えながら研究をしていましたが、当時の日本はまだ産学協同の環境が十分ではなく、このまま大学の中にいては、自分の志を実現できないという想いが強くなり、学者という枠を超えてやろうと決意したのです。

学界から実業界へ

「手伝ってくれないか」

そのようなときに、その後八年間社長を務めることになった株式会社タカキューという上場会社の創業者から人材開発部長への誘いがありました。半年ほど考えた末に、実業界に足を踏み入れることにしました。

社長に就任したのはバブル崩壊直後で、私の最初の仕事はリストラでした。大量の退店と人員削減、不良在庫の処理を余儀なくされたのです。売上は下降し続け、社員の士気も弱まっていきました。

そこには、人間の学問的な理解とは程遠い現実があり、文字通り血を流すような経営を行う中で、人間と向き合うこととなりました。今までの人間に関する科学的理解など、まったく役に立たないように思えたのです。

結局、私は精神的な世界、学術的な世界、経済的な世界から「人間」を経験することとなりました。このような環境の中で、学界から実業界に飛び込んだときのような人生の天機が再び訪れたのです。

人生の「天機」

ここで「転機」という言葉を使わず、「天機」を使ったのは、文字通り私の人生を変える機会を天から与えられたような体験だったからです。

耳に腫れ物ができ、信頼できる知り合いの皮膚科に行きました。すると「ここでも切れるけど、気になるので大学病院に行きなさい」と言われました。

大学病院で腫瘍を切除し、検査結果を聴くと、若い医者が病名は告げずに「今すぐ、入院してください。化学療法をします」と言います。

私が「会社で責任ある地位にあるので病名を言ってほしい」と言うと、「悪性黒色腫で転移が早いです。あなたは若いから危険です。今日、入院してください」とのこと。

「え、今日ですか」

「はい。すぐにでも」

「化学療法をしなかったらどのくらい生きられますか」

「まあ、半年でしょうね」

――目の前の診療室の白い壁が揺れ、景色が真っ暗になりました。

私は、〝化学療法を受けてベッドに横たわって延命するのか、それとも治療を受けずに生きるのか、どちらを選ぶのか〟と、心の中で自分に問いかけました。するると不思議なことに、心の奥底から「化学療法は受けない」という強い思いが出てきました。

私は、即座に半年間を生きることを選択しました。


あと半年の命と思うと、世界が突然、鮮やかに輝いて見えました。

道を歩いているときには桜の木に咲き誇るピンクの花々に「うあぁ、桜だ」と感激し、ご飯を口に入れて噛みしめるたびに、「あと何回食べられるのだろう」と思い、両手を高く上げて「パパ、パパ」と寄ってくる幼い娘を膝の上で抱くたびに、「あと何回抱けるのだろう」とも思いました。


嫌いな人もいましたが、あと半年で会えなくなると思うと「嫌だ」という思いが消え、むしろ素敵な人に思えました。

出会う人たちの顔が鮮やかに見え、その奥にあるその人そのもの、魂のようなもの、表現は難しいですが、輝く本質が見えるようでした。

そのことに気づいたとき、「自分が本来やるべきこと、自分の人生でやるべきことをやろう」と決意したのです。


現在、私は、さまざまな分野の人たちがお互いの専門能力を切磋琢磨する「メキキの会」を主宰し、多くの志を持った人たちと、それぞれの専門分野の研究会や講演会、また、二万人を超える人たちと天命や天職、志をテーマとした研修「個の花道場」を行ってきました。

そして不思議なことに、私は今も健康に生きています。化学療法を受けないと決めた後、何の治療を受けることもなく、二〇年以上が経ちました。私の体に何が起きたのかはわかりませんが、日々、精力的に動くことができ、こうして本も書いています。

この出来事は、常に私に「命は有限だ」ということと、「人生でやるべきことをやろう」ということを意識させ続けています。これが私の天命への本格的な探求の始まりだったのです。

私の人生を振り返ると、宗教家の家に生まれ育ち、科学としての人間行動を研究し、実業を通して人間と関わってきたことになります。

私の中には、これら三つの異なる自分が存在していることを感じます。私は、その三つの異なる側面を生きた人生を受け入れ、統合しようと思います。

なぜなら私には、人生のどの局面でも一貫して、「人間」がテーマだったと観ることができるからです。

多くの人たちと天命の探求をしていると、不思議な共通点が見えてきます。

それは、人生で起こることは、天命に導かれているのではないかということです。

カウンセラーになる人は、自分が心の悩みや闇を抱えてそれを克服する経験をし、整体師になる人は、病や痛みがなかなか治らず、さまざまな治療を探る中ですばらしい治療家や方法に出会うことになるのです。

どこも雇ってくれず、自分で起業するしかないと会社を興す経営者もたくさんいます。

ここからは二二の特殊な質問から、あなたの天命を共に探求していきます。

あなたの生きがいや働きがいのある、創造的で幸せな人生を実現する指針となることでしょう。

第一章

天命を探求するための方法

あなたは、本当は何をやりたいのか。
それは、夢、志、人生の目的、
生まれてきた理由などと呼ばれてきた。
本書では、それは「天命」の領域として探求される。
これまで多くの人たちのデータをもとに
構築されてきた三つの方法で、
あなたの天命をつかんでいこう。

天命という見えない巨象は
あなたに触れられるのを
待っている！

第1番目の質問

「あなたは、自分に天命があると思いますか」

透明な巨象との出会い

天命は知ることができる

天命とは不思議な響きを持った言葉だ。どこか深遠で触れることを畏れさせる。天命とは人生の目的や使命、あるいは、生まれてきた意味なのか。はたまた、特別な人のみにあるものなのか、それともすべての人にあるものなのか。

このように「天命」と聞けば、あなたはさまざまな疑問を抱くだろう。すべての人に固有の天命があるとしたら、しかも、それがあなたの人間関係や仕事の究極のパワーの源になるなら、あなたはそれを知りたくないだろうか。ここでは、その天命をどのように探求するのかという方法から始めたい。

「待って、天命の定義を聞いていない！」と、あなたは言うかもしれない。それなら心配に及ばない。

なぜなら、天命とは「何か」が、本書の本題だからである。

あなたは、天命を探求すること自体に抵抗を覚えるかもしれない。「出口さん、それは、自分が天から与えられた使命のことであり、そんなに簡単に答えを出せるものではない。生涯かけて探求するものだよ」という声も聞こえてきそうだ。

果たしてそうなのだろうか。

私の天命に対する姿勢は、そうではない。前述したように、これまで多くの人たちと天命という視点に立った多くの事例を積み上げてきた。神道家の家に生まれ、科学として人間行動を研究し、実業の中で人間と関わってきた「眼」から、天命をつかみとる方法が生まれてきた。

これによって、あなたの「本当にやるべきこと」へ前進できると確信している。

質問に答えて天命を探求してみよう

あなたは質問の上手な人と話をして、驚くほど自分自身が引き出された経験がないだろうか。これからの天命の探求には、この「質問方式」を採用したい。

図1を見てみよう（21ページ）。

これは、目が不自由な人たちが象のさまざまな部位を触って象を探求する「群盲象《ぐんもうぞう》をなでる」という故事をもとに考案したものだ。私が、さまざまな「特殊な質問」を

図1　目に見えない透明の巨象

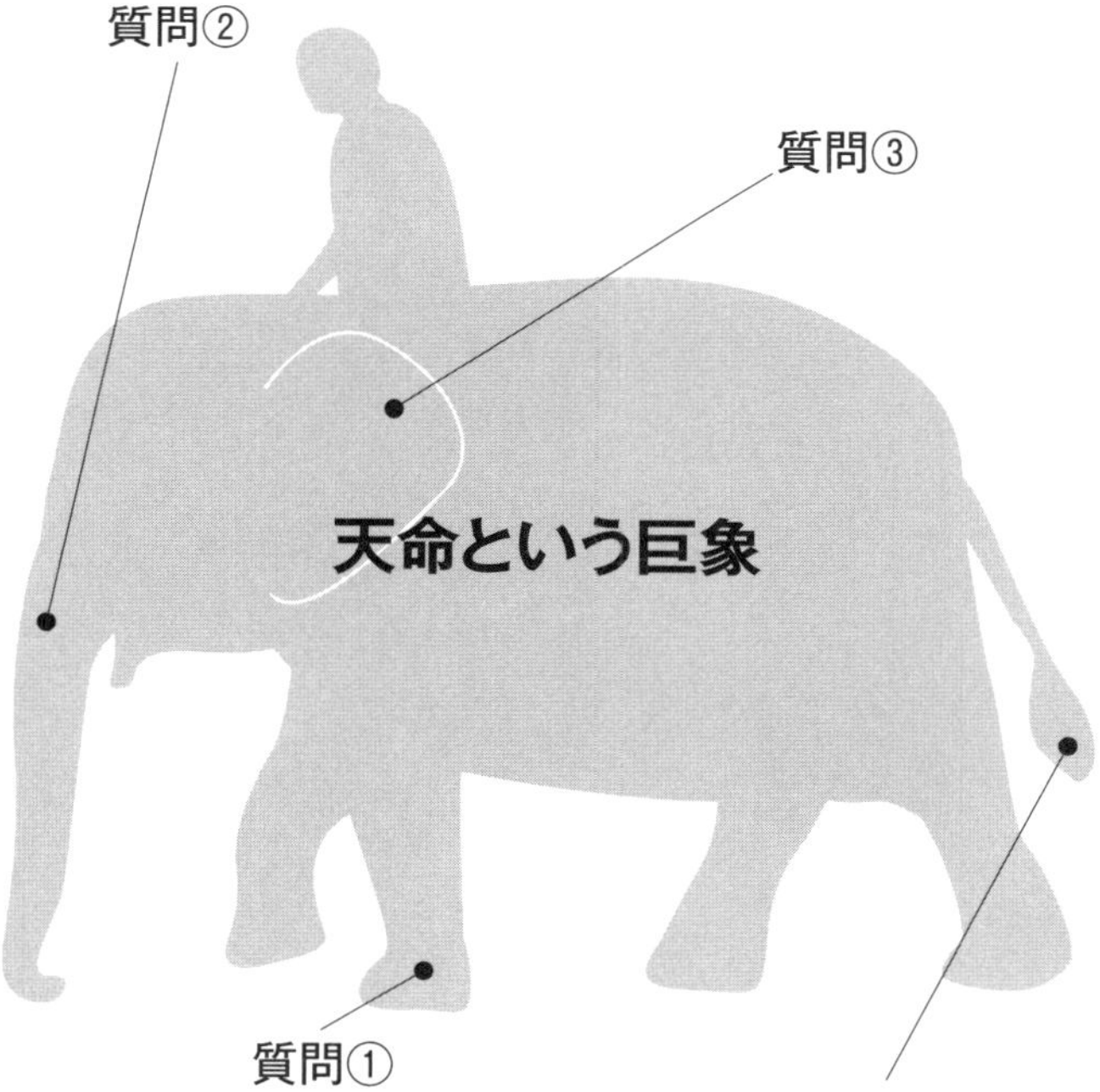

特殊な質問により
自らの天命を明らかにする。

することで、あなたが乗っているまだ見ぬ天命という「透明の巨象」の体の部位を、次々と見ていくことができる。

あなたは、質問によって、象の足を触ると、「これは、柱のようなものだ」と言うだろう。また、鼻を触ると「長いホース」、耳を触ると「大きな葉っぱ」、尻尾を触ると「ひものようなもの」と言うかもしれない。

それらの答えはどれもが正しいとしても、象の全体像を表してはいない。しかし、それらの部位に触れるにつれて、あなたの中で、しだいにその全体像が統合されて、浮かび上がってくるだろう。

あなたの中の隠された情報を引き出す

私は、「分かる」ことと「つかむ」ことは、決定的に違うと思っている。「分かる」とは、「分ける」という意味で、文字通りすでに知っている知識の「引き出し」の中に分類できれば「分かる」ことになる。

一方、「掴《つか》む」というのは、自ら「つかみとる」ことで、今までの知識を超えて新しい枠組みを得ることだ。「掴む」は文字通り、国を扌（手）にするくらいの意味があり、結果に違いがある。

本書でこれから私が投げかける「二二の特殊な質問」を、あなたが自分に問うことで、自身の中にある「秘された情報」が引き出される。それらが、あなた自身によって意味あるものとして統合されるなら、私の意図する「つかむ」という思いが通じたことになる。

特殊な問いの始まり

これから投げかける一つひとつの質問に対して、あなたの答えを、自分や周りの人たちの日常を観察しながら考えてほしい。なぜなら天命は、私たち自身の日常で話す言葉や行動の中にあるからだ。

その結果、この本を読み終わるころには、あなたの天命の暗号を読み解けるはずだ。天命をつかむことで、あなたは、自分が人生で最も大切にしていることを推進する力の源を持ち、さらに、あなたと関係する人たちの天命をもつかむようになる。すると、周りにいる友人や家族、部下や同僚との間に、互いの内なる「想い」を共有する関係が、自然にできていくだろう。

それでは、第一の質問から始めよう。

質問1「あなたは、自分に天命があると思いますか」

あなたの今の時点での答えが何であろうと構わない。その答えが「何か」という反応をあなた自身で意識してほしい。これから「天命」を探求していくために、自分自身に「答えること」そのものが役に立つからだ。

ポイント

天命は誰にもある。

第二章

天命はどこに存在するのか

天命はどこにあるのか？
天から降りてくるのだろうか？
いや、それはあなた自身の中にある。

あなたの中に二つの声がある。
一つは心から、
もう一つは魂からの声だ。
天命はあなたの魂の領域にある。

第2番目の質問

「あなたは生活のために
生きていますか。
それとも、自分の本当に
やりたいことのために
生きていますか」

三つの生き方

人には、それぞれの生き方がある。その生き方は、あなたの天命との関わり方によって決定されているかもしれない。

第二番目の天命を探求する問いは、これだ。

質問2「あなたは生活のために生きていますか。それとも、自分の本当にやりたいことのために生きていますか」

これは、あなたの生き方を知る重要な問いとなる。生き方にはどのような種類があり、あなたはどのような生き方をしているのか、それらを探ってみよう。

やりたいことか、生活のためか、ハムレットの心境

最初の生き方は、「ハムレット」のように葛藤《かっとう》の中に生きるというものだ。

自分の人生を、「本当にやりたいこと」のために生きるのか、それとも「生活」のために生きるのか、この二つの狭間で悩んでいる人たちがいる。

大手の一流商社に勤める26歳の青年がいた。

「やりがいなんて全然ないですよ。志を持つなんて、勤めていては無理です。僕たちは、お金で自分の時間と労働を買われているんです。出張でアジアに行くと活気に溢れていて、未来を感じるんです。実は独立して向こうでビジネスをしたい。でも、失敗するリスクがあるからできない。だから、3年で会社を辞める新卒が多い中、僕は4年勤めています。一流商社に勤めていると結婚にも有利ですし、4年以上勤めていると再就職にも若干有利なんです。そこもリスクを計算しているんです」と言う。

このような生き方をしている人たちは、かなりの数に上るだろう。

その2年後、青年は会社を辞めてアジアに行った。この青年のように、たとえ割り切ったように見えたとしても、実際には「本来やりたいこと」と「生活のためにすること」との間の葛藤の中に生きている。

シェークスピアの四大悲劇の一つに「ハムレット」がある（注1）。主人公のデンマーク王子「ハムレット」は、自分の母の夫となっている叔父が、実は自分の父を殺していたことを知る。何もしなければ、愛する恋人と跡継ぎとしての前途洋々たる生活があり、大義のための行動を起こせば死が待っている。

ハムレットは「このままでいいのか、いけないのか、それが問題だ。どちらが立派な生き方か、このまま心のうちに過酷な運命を耐え忍ぶのか、それとも苦難に敢然《かんぜん》と立ち向かうのか」と苦悩する。

何もこれは、男だけの世界ではない。ハムレットが書かれたのとほぼ同時期に、石田三成の軍勢は、敵将、徳川家康が挙兵した際に、細川家の屋敷を急襲した。

そこには、明智光秀の三女として生まれた細川ガラシャがいて、人質になるよう強要された。彼女は、まさしく「生きて人質になるか、死を選ぶか」の選択を迫られ、人質を敢然と拒否し、屋敷に火をかけ最期を遂げた（注2）。

ちりぬべきとき知りてこそ世の中の花も花なれ人も人なれ

この歌は、細川ガラシャ夫人の辞世の歌として伝えられている。「命」の有限さに直面したとき、人の本来的なすばらしさが現れることを私たちに伝えてくれる。

彼女は、敬虔《けいけん》なキリシタンであり、苦難の生涯において人間の尊厳を貫き通した、まさしく大和ナデシコだった。

本来やるべきことか、それとも生活か、これは人間にとって普遍的な問題だ。私たち現代の人間も四百年の時を経て、二人と同様の人生の選択場面に遭遇し、葛藤しながら生きている。あなたもそうではないか。

今は、夢実現のための仮の姿

二つ目の生き方は、やりたいことを「先延ばし」するというものだ。

最近試験に合格した若い公認会計士がいる。

「私には将来、恵まれない人たちに寄付をする財団を設立する夢があります。この夢を実現するために、今はやりたくない投資勧誘の仕事をしています。この仕事でお金を稼いで、本当にやりたいことをやります」と。

つまり、今の仕事をしている自分は仮の姿であり、お金が儲かったら本当にやりたいことを実現する。それまでは、なりふり構わず稼ぐと言う。

この生き方も、ハムレットと同様に、「本来やりたいこと」と「今やっていること」は、明らかに異なっている。ただ、自分自身の葛藤を避けるために、本当にやりたいことを先延ばしにしている。この生き方は、未来の夢の実現のために、今は仮の姿で生きている「先延ばし」の人生といえる。

私たちの多くは、「本当にやりたいこと」と「今やっていること」の不一致に直面して巧妙に自分をごまかしながら生きている。

さらに先延ばしするどころか、「もう諦《あきら》めているよ」とか「人生なんてこんなもんだよ」「どうせ会社に金で買われている身だから」「家族がいるからわがまま言えないよ」と言う。

理由は何であれ、私たちは自分の中で、「本来やりたいこと」を巧みに避けて生きているかもしれない。

でもあなたは、生活のために、建前のために生きるような人生を、本当に送りたいと望んでいるのだろうか。

「天命を楽しむ」という生き方

三つ目の生き方は、「天命を楽しむ」というものだ。

「楽天」という言葉がある。楽天的というと、お気楽な人というイメージがあるかもしれないが、本来、楽天とは、「天命、天職を楽しむ」ことを意味している。

明治時代、後に日本資本主義の父といわれる渋沢栄一がいた。現みずほ銀行の前身の第一国立銀行を設立し、五〇〇に及ぶ株式会社の設立に関与した。渋沢は「一人ひとりに天の使命があり、その天命を楽しんで生きることが、処世上の第一要件である」と記している（注3）。

今ではほとんど死語となっている「天命」という言葉を、日本の資本主義経済の基礎を築いた男が、最も大切なものとして扱っている。それは、天命は特別なときに、特別な人に与えられるものではなく(注4)、すべての人には固有の天命が備わっているという前提があるからだと私は思っている。

この「天命を楽しむ」という生き方ができれば、逆境やつらいことがなくなるのだろうか。

私はそうは思わない。自分の天命を自覚し、それを全身全霊でやることが大切なのだ。そうすれば、どんな厳しい場面でも結果は天に任せ、悠々と人生を楽しみながら、楽天的に生きられるだろう。

私は多くの人たちの人生に深く関わることで、それぞれ人には固有のやるべきことがすでに存在していることを確信するようになった。人にはどんなに環境が変化しようとも、決して揺るがない「何か」がある。

実はあなたもすでにそんな感覚をうすうす抱いているのではないか。

その「何か」が、現実にはあなたを突き動かし、あなたの事業や仕事、人間関係をつくっている可能性が見え隠れしている。

あなたの内側に秘された「何か」が、「天命」と密接に関係しているかもしれないのだ。

人工知能には解けない問題、それが天命

近い将来、人工知能（ＡＩ）が人間の能力を超えるシンギュラリティ（技術的特異点）が来ると言われている。だが、それは簡単なことではない。コンピュータは、言語が指し示す意味を理解できないからだ。

たとえば、ＡＩは「愛している」という言葉をいくらでも検索できるが、愛が何を意味しているかを理解することはできない。また二十才のときに感じる「愛」と、人生で多くの体験を積んできた六十歳のときの「愛」の意味するところは違うだろう。また、「信頼」という言葉も同じだ。

ましてやあなたの心の奥底にある「人生で求めてやまないもの」を、ＡＩは知ることができない。それは、あなたのみが自覚することができる。これからの時代はＡＩができない、人間にとって大切なものを扱う能力を磨いていくことが大事なのだ。

それが本書の課題でもある。
ではどうすれば自分の天命を見つけ、それに志して生きることができるのだろうか。
その全貌は本書を読み進めるうちに、あなた自身が明らかにしていくだろう。

ポイント

人は生活のために生きようとする自分と本当にやりたいことをやろうとする自分の葛藤の中に生きている。

第3番目の質問

「本当の自分とは何だと思いますか」

天命はどこに秘されているのか

天命は特別な人に、特別なときに天から与えられるものではなく、すでに一人ひとりの中にあるとするなら、それは私たちの心のどこにあるのか。まずその所在を明らかにすることが大切だ。

天命というのは、「心」の領域にあるのだろうか。もしそうだとするなら「心」とは何だろうか。

あなたの天命を探求する第三の問いは、これだ。

質問3「本当の自分とは何だと思いますか」

心と魂は区別する必要がある

私たちが「心」という言葉を使うとき、それは状況しだいで変化するものとして扱われる。人間心《ごころ》、女心、浮気心、経営者心と言ったときは、日々の仕事や人間関係の厳しさに揺れ動く人間の心情というニュアンスがある。

もし自分の心を一日観察したなら、その心には相矛盾する相当量の考えが浮かんでは消え、とてもその思いや考えの数は数えられるものではないだろう。

私の大学院時代の指導教授はこう言っていた。

「人間の心には、一日五万くらいの想いが浮かんでは消えるのだよ」

私は茶目っ気を出して「どうやって数えたのですか?」と尋ねると、「私も自分の先生から聞いたんだよ」と答えた。

辞書によると「ココロ」の語源にはいくつかの解釈があるが、その語源は「コロココロ」変わるところからきているという説が、私には最もうなずける。

部下は、上司に誉められると、良い上司だと思うし、叱責されるとこんな会社辞めてやると思う。投げかけられる言葉によって心はコロコロ変わる。また、配偶者や親に、いちいち干渉されると腹が立ち、病気になって看病してもらうと、感謝の気持ちがわいてくる。

そのときの状況や感情しだいで、心は常に揺れ動かされている。

一方、経営者魂、職人魂、役者魂、スポーツマン魂などと言うときの「魂」は、強く動かない確固としたものである。また、「魂を入れて仕事をしろ」とか「一球入魂だ」と言う言葉は力強さと本物らしさが感じられ、「魂」は揺れ動く「心」とは対照的に使われている。

私たちの日常の言語の中に、すでに「心と魂の区別」が無意識のうちに行われていることに気づいてほしい。なぜならこの区別には重大な意味が秘されているからだ。

図2を見てほしい（41ページ）。

「心」と「魂」は、両方とも目に見えない人間の「精神」の領域である。似ているようにも思えるが、それぞれの機能は異なる。心とは人間の感情や理性を司り揺れ動く領域、魂とは人間の一貫性あるものが存在する領域を意味している。

天命を仕事や経営、そして人間関係に生かすためには、この「心」と「魂」をはっきりと区別することが大切である。

なぜなら、この目に見えない領域のことが、「行動」という目に見える分野に大きく影響を与えているからだ。

もし揺れ動く心から行動すれば、当然、行動は不安定で一貫性は失われる。動かない魂から行動すれば、あなたの行動には一貫性がある。

本当の自分とは何か

「自分の心に素直になろう」と、しばしば言われるが本当にそうだろうか。ダイエットを決意しても、目の前に甘いものが出されると食べてしまう。人にやさしくしようと思っても、気に入らないことを言われると、つい苛立《いらだ》ってきつく接してしまう。このようなことは、日常にいくらでもある。


環境しだいで揺れ動く「心」に素直になるのが本当の自分なら、あなたには、何も確固としたものがないし、人間関係もうまくいくはずはない。

気づかないうちに、自分の心情の動きを自分そのものだと勘違いして、「私には自信がない」「信念がない」と、揺れ動く人生を送ることになる。

あなたの心は、自分の一部であり、自分そのものではないのだ。

図2　心と魂の領域の区別

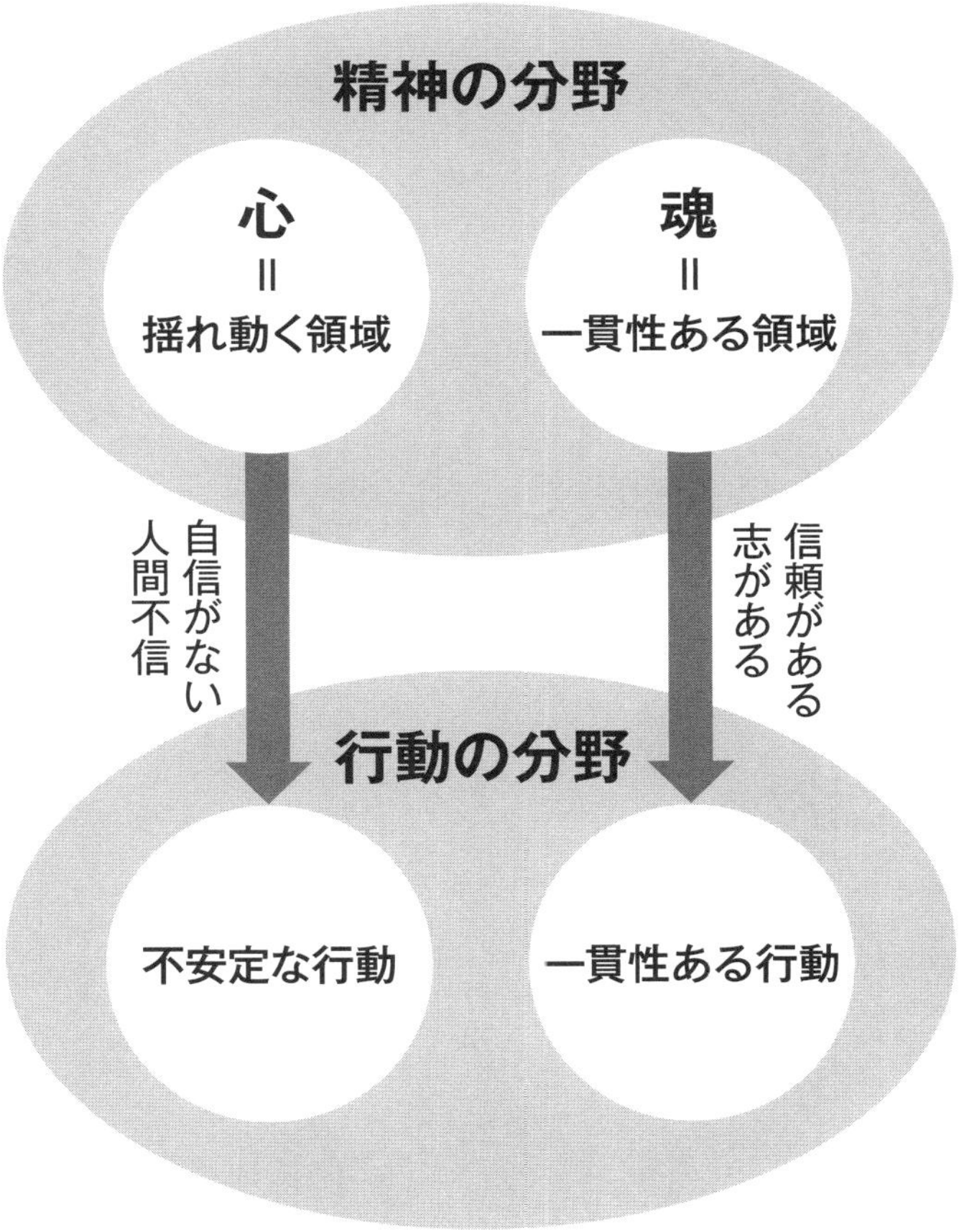

心は変わるもの、魂は変わらないもの。

これは、自分だけではなく、他の人に対しても当てはまる。
普段、にこやかに接してくれていた人が、ある会合で猛然と怒鳴っている場面を見たとき、あなたはどちらの彼を信用したらよいのか、迷うかもしれない。相手の心情が頻繁に変わるのを見て、「あの人が信じられない」と、人間不信に陥っている人もいる。相手の心情の動きもあくまで相手の一部であり、相手そのものではない。

不動の「魂」の領域が、「心」が揺れ動くことによって曇らされ、隠されてしまうことがある。「心」の支配によって判断を間違え、とんでもない行動をしてしまうのだ。

私たちには、自分の奥底に秘された「不動のもの」が存在している。それは魂の領域にあり、私たちの人生を貫く指針や人生の羅針盤となるべきものだ。
さらに、もしあなたが周りの人たち、一人ひとりにある「不動のもの」を見抜いて、そこに働きかけることができるなら、お互いの志ともいえる大切なものを共有することになる。それは、計り知れないほど価値のあるパートナーを得ることを意味する。

あなたの実際の生き方として、日常生活で心と魂の区別から自分と人を見てほしい。さまざまな場面で、心と魂のどちらの領域から行動しているのかを観察することが大切だ。この観察が人間を見る力に、革命的な変化をもたらすことをつかんでほしい。

ポイント

本当の自分は心の奥底にある魂の領域にある。

第4番目の質問

「あなたは、二人の自分を認識していますか」

不動のものをつかむ

「心」と漠然といわれる領域にも、実は、心と魂の区別がある。

天命は、心の領域にあるものではなく、魂の領域にあるものとして扱うことで、初めて人がどちらから行動しているかを見抜くことができる。さらに、心と魂の領域の区別を高め、魂の領域にある「不動のもの」を探求できるようになる。

第四の問いは、これだ。

質問4「あなたは、二人の自分を認識していますか」

多くの人は、この質問の意味さえわからないと思うだろう。たとえ意味がわかっても、答えに窮するかもしれない。

どんなときに心が揺れ動くのかを観察しよう。

昭和の初期に、三年間負け知らずの大横綱、双葉山がいた。だが前人未到の六九連勝を続けていた双葉山も、ついに安藝ノ海《あきのうみ》に敗れた。その夜、双葉山は師匠に宛てて、「イマダモッケイタリエズ　フタバ（いまだ木鶏たりえず　双葉）」と電報を打った。木でつくった鶏《にわとり》のように無の心の境地に至れなかった、という意味である。

自分の限界に挑み続けた双葉山ですら、心は揺れ動いていたのだ（注5）。

あなたが自分を見て、心は騒ぎ変化するものだということを受け入れるなら、人に対しても、その心の振幅を許すことができるだろう。心の変化を受け入れることは、極めて大切である。人の心の動きや自分の心の動きに、一喜一憂する必要はないからだ。

心の掃除をする

心の引っかかりや感情の動揺を「あってはいけない」と否定すればするほど、それは抑圧されて尾を引く。心が動揺している限り、あなたの魂の声である天命は聞こえない。

図3を見てみよう（47ページ）。

これは、心と魂からなる「精神」のコップである。

図3　精神のコップ

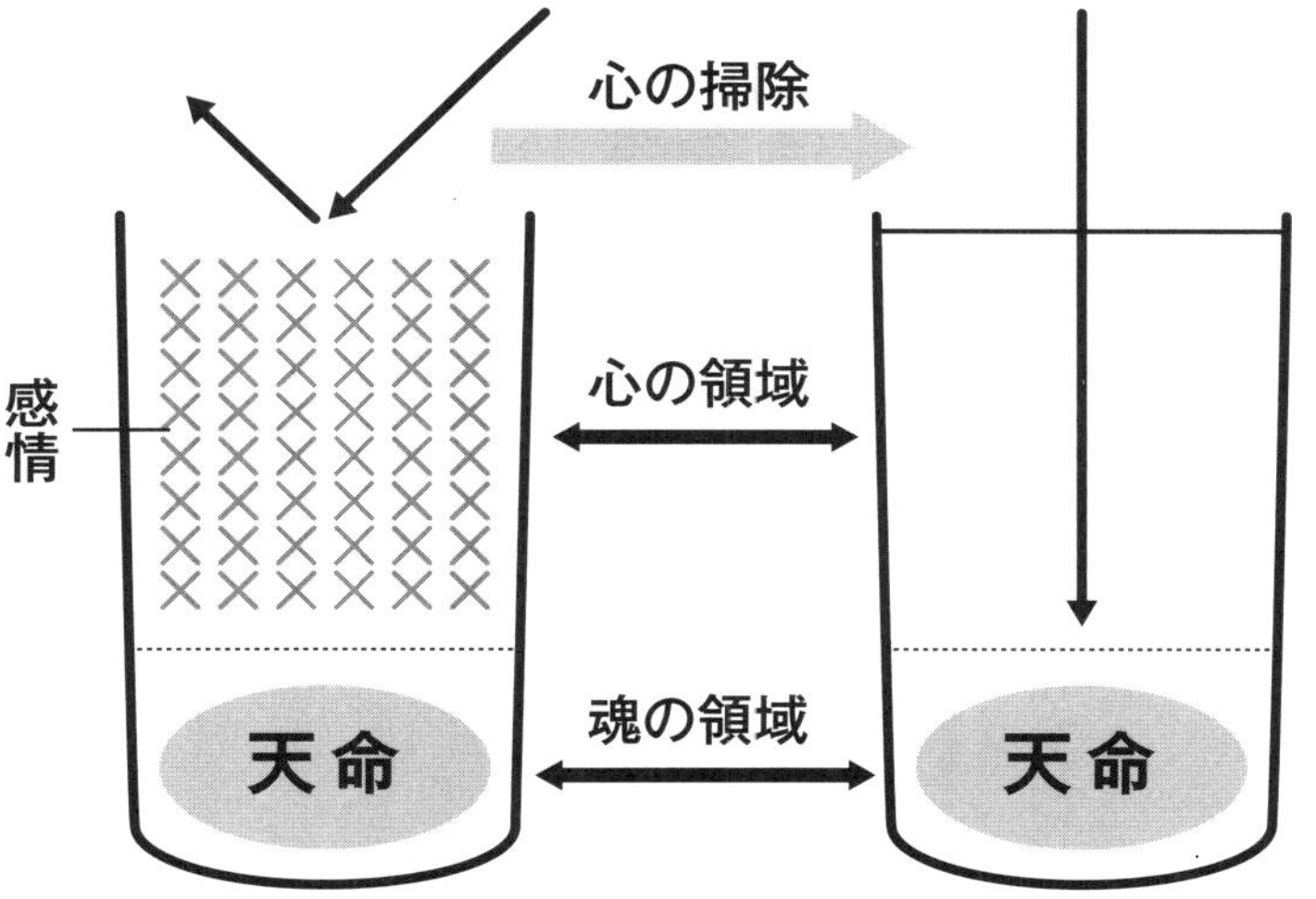

感情がいっぱいで、その奥底を見ようとしても見ることができない。

心を掃除することで、心の引っかかりがなくなり、天命が見えやすくなる。

左側のコップは、心の動揺によって天命が隠されていることを示している。いくら心の奥底にあるものを見ようとしても、見ることができない。

幸いなことに、人間の感情の動揺は生物学的に長く続かない。そのときに、「ああ、また心が騒いでいる」と観察し、自分を「ダメだ」と否定せず、それを誰もが持っている心の「常態」として受け入れると、その騒ぎはまもなく収まり、心は平穏になる。さらに、心の動揺を「寂しい」「怒っている」などと、言葉でその感情を的確に表現すると、さらにその効果は高まる。

これが心の掃除であり、意識して練習すればしだいにできるようになる。

日本の伝統文化である和歌や俳句は、ときどきの心情を詠《よ》むことで、「心の掃除」と同じような機能を果たしていると私は思っている。短歌や俳句を詠む人は少ないかもしれないが、日本では古来、心の動きを「整理して言葉にする」ことが、指導者のたしなみの一つとなっていた。

図3の絵のように、心の掃除をすることで心の引っかかりや動揺がなくなり、奥底にある天命が見えてくる。海でも海面が波立っていると底は見えにくい。

あなたは、どんなときに最も自分の心が騒ぐのか、その事態を観察し、さらには「心の掃除」を何度もやり続けてほしい。

なぜなら、心は常に揺れ動き、精神のコップにゴミが溜まってきてしまう。だからこそ心の掃除をやり続けることで、自分の中に潜む本来やるべきこと、つまり、天命に対峙することが初めて可能になってくる。

人には不動なものが存在する

私たちは、心と魂の領域をはっきりと区別する必要がある。自分自身が持つ「天命」が不動であることをつかんでいないと、揺れ動く心の一つひとつに、行動や思考が支配されてしまう。さらに、その天命も、揺れ動く心の動きの一つにすぎないと見てしまい、本来知っているはずの天命はますます秘されていく。

かくして、私たちは不安定で自信のない人生を送ることになってしまう。

人生の現場は、人間の弱さと強さ、愛憎、欲や信念などが渦巻くすさまじい場所だ。

特に、めまぐるしく変わる経営環境の先頭に立ち、舵をとらねばならない社会的な指導者は、そのときどきによって「揺れ動く心情」に行動が影響され、大きな問題を引き起こすリスクがある。

誰でも自らの人生の現場を振り返ってみると、自らの行動が「揺れ動く心」によって、支配された経験があるはずだ。

私の経験をお話ししよう。

先代から経営を引き継ぎ、経営再建のために社長として現場に立ったときのことだ。バブル崩壊後、会社の膨大な不良資産と厳しいリストラ、営業不振の中で、多くの社員を抱えて会社の将来が見えない。社長室の茶色のソファに座り、考え込んでいた。このままでは社員のボーナスも払えないと思い、あまりの情けなさに涙が止まらなかった。

そのときの私は、本来信頼を持って接しなければならない幹部への心情が、風の前の木の葉のごとく揺れ動いていた。決断を迫られるも、揺れ動く心に惑わされ、自分の本来やるべきことを見失っていた。

同じように社員の心も大きく揺れ動いていたことは間違いない。

ところが、多くの社員が退職する中「どんなことがあっても会社を立て直そう」という社員たちが現れてきた。そのとき「会社を必ず立て直すぞ」という不動の想いが、私に溢れ出てきた。そして魂から幹部を信頼し、会社再建に必要なことを決断し実行できた。


私たちの中には、あたかも二人の人間がいるように思える。揺れ動く自信のない「心の自分」と、何があっても揺るがない「魂の自分」だ。私は、揺れ動く心の領域の自分を「コロちゃん」、揺るがない魂の領域の自分を「タマちゃん」と呼んで区別している。


これは、かわいい区別であり、あなたが人に説明するときも効果は絶大だ。

重要な決断を下すとき、意識する、しないにかかわらず、自分自身の「揺れ動く心」が自身の行動に強く影響を及ぼしている。めまぐるしく変わる環境に心が揺り動かされ、本来やるべきことが秘され、過ちを犯してしまう。

ましてや赤字や倒産、病気、事故などの危機に瀕したときには、その心は大きく揺れ動き、不動の自分を見失ってしまうことはいくらでもある。

心と魂の自分が区別できないと間違いが起こる

このような危機的な場合に、心と魂の領域の区別をつかんでいないために、私たちは二つの間違いを犯すことがある。

一つの間違いは、理念は「建前」で、生き残りのためには何でもすることが「本音」だと考えることだ。実は、それは大きな間違いかもしれない。

ここでいう「建前にすぎない理念」と「何でもするという本音」は、どちらも本音であり、「魂」の領域の本音と「心」の領域の本音が共存しているにすぎない。理念は不動の大義ともいえる「魂の領域」にあるものであり、揺れ動く心情の吐露が「心の領域」なのだ。

あなたの志を表現した理念や目標は、あなたの魂の領域にある。それは「不動のものである」との認識がないと、いつの間にか、それがあなたの中で「建前」という言葉で分類され、「心にもないこと」にされてしまうことがある。

気づかぬうちに、自分の中でも偽りのものに分類され、魂の入らない文字通りの「建前」になってしまうのだ。「建前」となってしまった理念や目標は、人にいとも簡単に見抜かれてしまう。魂の抜けた理念や目標は、やがて周囲の人たちに感染し、組織文化はまったく形骸化したものとなり、さらには目標や使命を達成する力を失ってしまう。

心の移り変わりによって、魂からくる理念や目標が、いつの間にか建前とならぬよう心と魂の領域を区別し、自分の奥底に眠る不動のものをつかむ必要があるのだ。

プラス思考賛美の落とし穴

心と魂の領域を区別していないことで起こるもう一つの間違い、それは「マイナス思考をしてはいけない」という思想のことだ。

一般的に、「マイナス思考をしてはいけない。プラス思考こそ運命を好転させる」といわれている。しかし、実はここにも大きな落とし穴が存在している。

そもそも、プラス思考もマイナス思考も、どちらも必要な心の機能として人間に備わっている。生物学的に、心は状況しだいで揺れ動くようにできている。心である以上、どちらかに自分を置き続けるのは不可能なことだと知るべきではないだろうか。

図4を見てほしい（55ページ）。

プラス思考は、マイナス思考の反対側にあり、プラス思考もマイナス思考も、同じ「心」というシーソーの両極の動きとして捉えることができる。人の心は、マイナス思考とプラス思考の間を揺れ動くものなのだ。

「プラス思考をしなければ」と思えば思うほど、プラス思考ができない自分に落胆し、マイナス思考が出てくる。この考えが極端になれば、神経症に陥ることさえある。

不動のものは魂の領域に存在する

この「心のシーソー図」は、プラス思考もマイナス思考もどちらも心の両極の動きであることを示している。ところが心のシーソーを支えている支柱に焦点をあてると、それは微動だにせず、いつでも心の基盤として存在している。この中央の支柱こそが、あなたの不動の魂なのだ。

この不動の魂の存在をしっかり認識していないと、環境によって変わる心に、いつ

図4　心のシーソー図

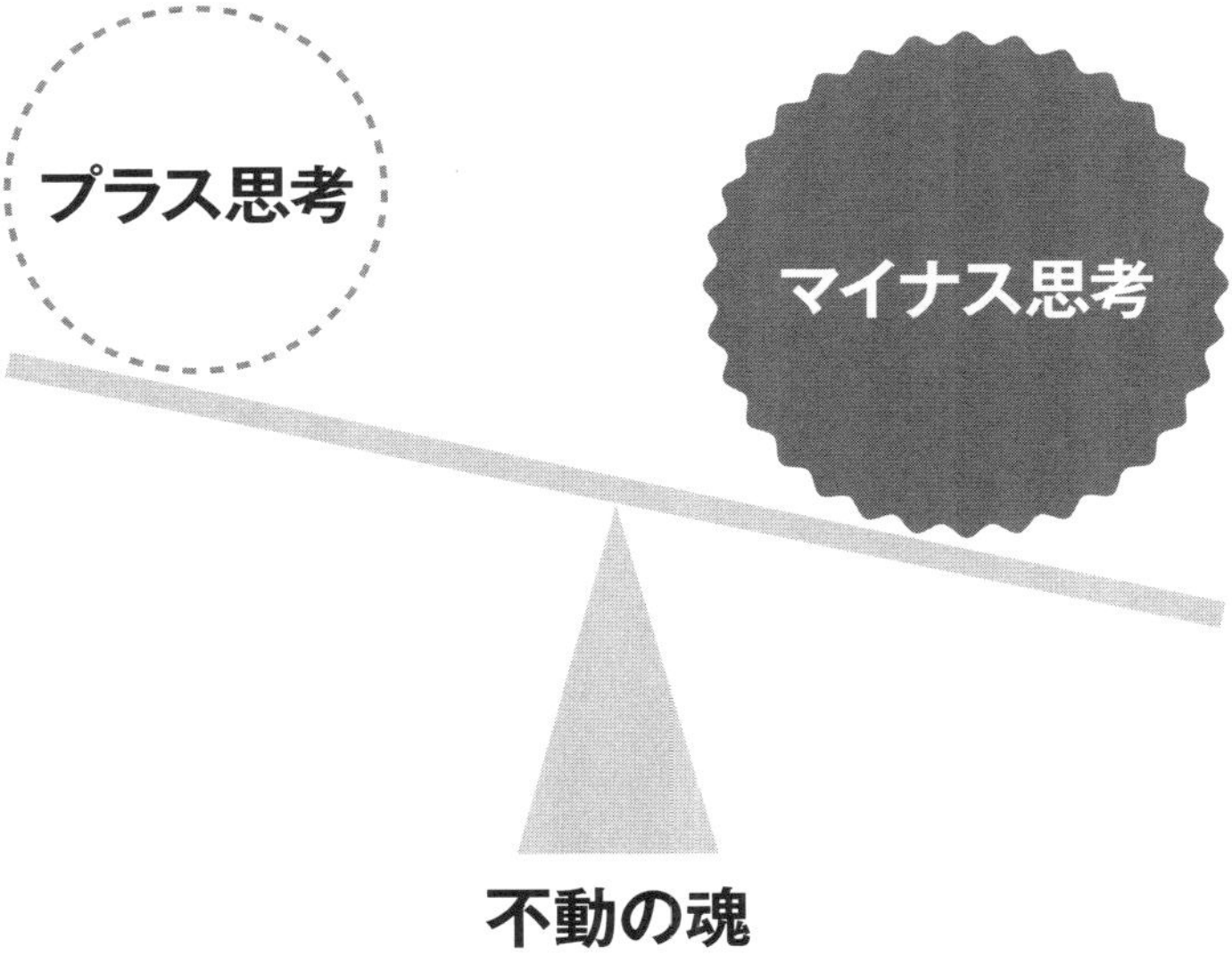

プラス思考とマイナス思考は同じ軸の両極にある。
人の心は2つの思考を揺れ動くもの。
「マイナス思考はいけない、プラス思考をすべきだ」
という考えは正しくない。

までも左右される人生を送ってしまうことになる。どんな環境に置かれようが、あなたを支える支柱は微動だにしない。

心の領域に浮かんでは消えるものと、魂の領域にある動かないものとを同一視してはならない。これは、あなたの周りの人たちに対しても同じことだ。

なぜなら、自分自身や大切な人の言動が揺れ動き、あたかも信念や自信がないように思えても、その心の奥底には、不動のものが厳然と存在するからだ。本書を読み進む過程で、あなたはそれを見抜くことができるようになるだろう。

不動の決意の存在、それが天命

私たちの魂の領域には、本来、動かない「決意」のようなものが存在する。

それが天命だ。

あなたが天命を自覚し、それを受け入れ、あなたの「志」とするならば、環境や心がどれほどすさまじく変わろうとも、それに左右されず、本来なすべきことができるだろう。

その前にもしあなたが日常で心と魂の区別を受け入れ、心の揺れを許すことができればこれまでの人生は一変することになるだろう。

なぜなら人間の弱さと強さの両方を受け入れられる器の大きさと余裕を手に入れることができるからだ。

あなたは、この心と魂の区別に抵抗を感じるのだろうか、それとも「なるほど」と思うのだろうか。

どう感じたとしても、それは人間の心の仕掛けからくるものだ。私たちが日常の人生でこの区別を観察するにしたがって、この意味を深くつかむようになるだろう。

私たちの天命と呼べるものは、自身の心の奥底に隠された「魂」の領域にある。それは、どうすれば見つけ出せるのか。

天命とは、出会うものでも特別な人だけに天から下るものでもない。心と魂の自分を区別することができれば、あなたの「天命」とは何かという、次の課題に取り組むことができる。

もし、自分の話す言葉の中に、天命が暗号のように秘かに指し示されているとしたらどうだろうか。しかも、それはすでにあなたの人生の中に現れ、認識されていないだけかもしれないのだ。

具体的にあなたの天命を指し示す三つの方法を、これから探求していこう。

ポイント

あなたには「心の自分」と「魂の自分」が存在し、「魂の自分」はあなたに選択されるのを待っている。

第二章

嘆きから天命をつかむ

天命はどのようにつかんだらよいのだろうか。
それは、人の話す言葉の中に
暗号のように指し示されている。
その暗号を解く方法は、少なくとも三つある。
まず、第一の方法を探求していこう。
嘆きの中に秘されているもの。
それはあなたの
最も大切なものである。

第5番目の質問

「あなたが人生で、いやだいやだと嘆きながら続けてきたことは何ですか」

直感では捉えられない真実

自分の天命を人から聴いても、初めはピンとこないだろう。むしろ、「それはいやだ」「畏れ多い」「おこがましい」と否定したくなるかもしれない。

今まで天命を探求してきた多くの人たちも、一様に同じ反応を示した。天命とは、直感的なものではないとまず初めに言っておこう。

しかし、このことが深く見えてくると、天命は、後からジワリとあなた自身に受け入れられ、輝きを生じる存在となる。

では、あなたの天命を探求するための、第五の問いを始めよう。

質問5「あなたが人生で、いやだいやだと嘆きながら続けてきたこととは何ですか」

嘆きの中に求めるものがある

いつも顔をしかめ、愛想もなく、文句ばっかり言っている税理士がいた。

「私は税理士として一五年間やってきた。この仕事は、人の陰に隠れて表には出ない。会社を良くするための協力は惜しまないが、税金逃ればかり考えている経営者が多すぎる。個人の欲のためや、税金をごまかす協力はできない。だから、私は嫌われている。税理士なんて選ばなければよかった。辞められるなら早く辞めたい」

しかし、いっこうに税理士を辞める様子はない。なぜ「いやだ」と言いながらやり続けているのか。あなたは不思議に思わないだろうか。

彼と話をしながら「彼にとって不動のものは何か」と耳を澄ましていると、「その人が経営者として成功するためなら、たとえ嫌がられようが、耳の痛いことでも言う」という決意が聞こえてきた。

また、私がタカキューの社長のころ、あるアパレル系上場企業の創業者と表参道のオフィスで話をしたことがある。

「ファッションは、流行が激しく変わり、今やっていることがいつダメになるかわからない。常にアンテナを張り、変化に対応しなければならない。なぜこんな商売を選んでしまったのか。出口さんもそうじゃないか。もっと枕を高くして寝られる仕事をやりたいよ」と本気で嘆く。

「そうは言っても、生まれ変わったら、また同じ仕事をやるのではないですか」と返すと、「そうかもしれないなあ。ファッションとは変化だ。その変化に迅速に対応するためには、まだやるべきことはたくさんあるからな」と力強く言った。

この言葉に、創業者の「変化に対応し続ける」覚悟が伝わってこないか。

嘆き続けることが指し示すものは

人の言葉を字句通りに聴いてしまうと、それはやりたくないことやただのグチであり、その人の「魂の声」を捉えることはできない。

しかしあなたが「言葉を超えて伝わってくるもの」に耳を澄ませば、何を嘆いているのかを捉えることができる。言い換えれば「嘆きの指し示すもの」を捉えれば、「何を求めているのか」がつかめる。

感動屋でどこにでも取材に出かける地方テレビ局の報道ディレクターがいる。

彼女は、「番組で私の思いがうまく伝えられなくて失敗ばかりです。だからこの仕事は私の天職ではないと思います。この仕事は恐ろしいです。いつかは辞めなければならないと思っています」と涙ながらに言う。

あなたはこのような嘆きを程度の差こそあれ、人から何度も聴いているだろうし、あなた自身も言っているかもしれない。

この「いやだ、いやだ」と言いながらやり続けていることがクセモノなのだ。

「まさか、否定していることが天命に関係あるのではないだろうね」という声が聞こえてきそうだ。しかし私の答えは、「はい」としか言いようがない。

図5は、嘆きの中に天命が秘されていることを表している（65ページ）。

決して、今やっている仕事そのものが天命だと言っているのではない。

「いやだ」と言いながらもやり続けていることが、自らの秘された天命から出ていると見ているのだ。

図5　嘆きの中に秘された天命

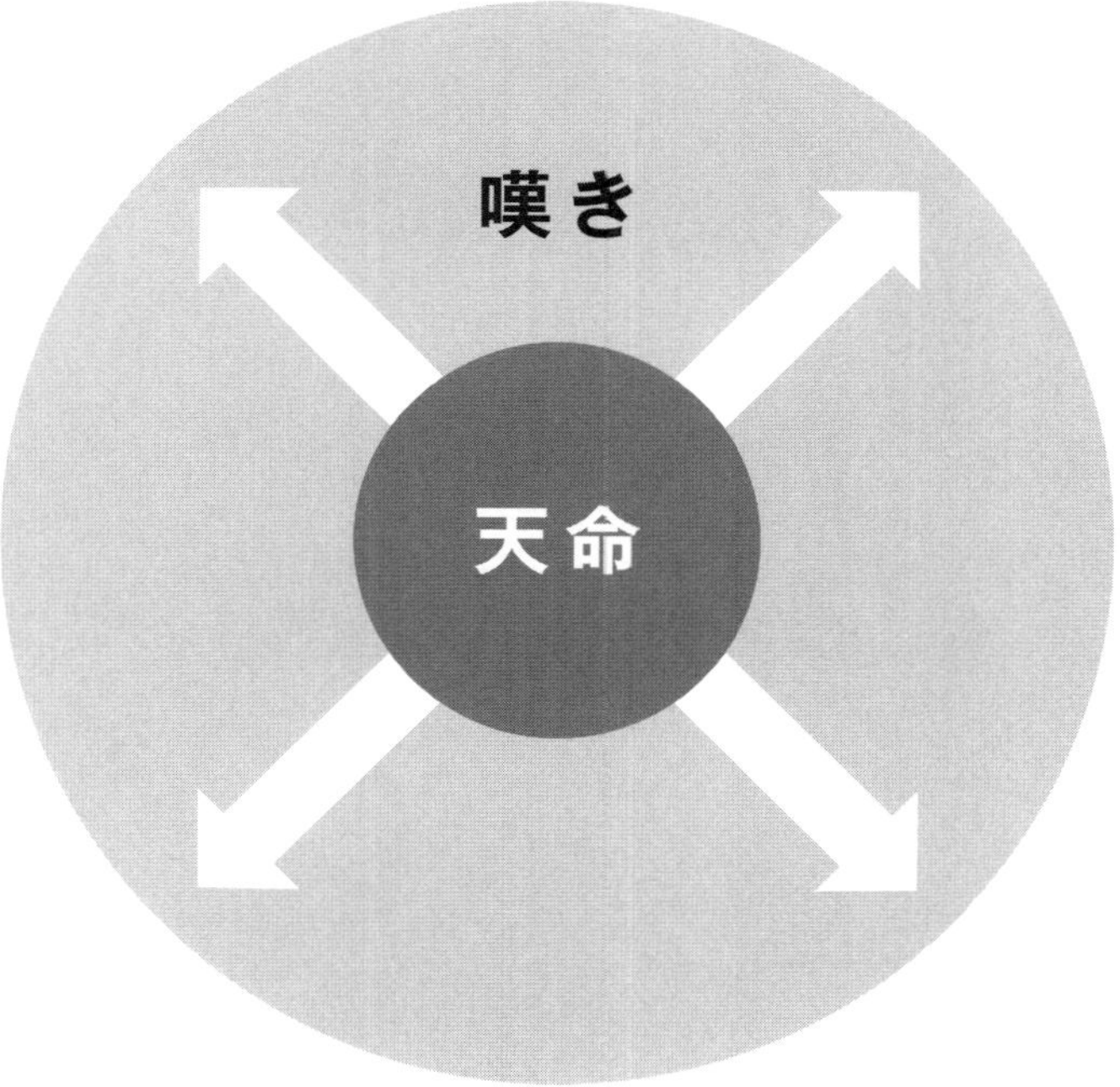

「いやだ」と言いながらもやり続ける。
この嘆きの中に天命が隠されている。

天命は仕事の中身そのものではない。仕事の源泉となるものだ。

前述のグチばかりこぼしている税理士の場合、税務会計は仕事の中身だが、その仕事に貫かれている「不正は許さず、真の経営を支援する」ことが、彼の天命と関係あるのかもしれない。

「私がやってきたことは、とても天命と関係があるようには思えない。第一、畏れ多くて。むしろ勘弁してほしいくらいだ」と言う人もいるだろう。

しかし、残念ながら天命を仕事に生かすためには、自分が「畏れ多い」「おこがましい」「とてもできない」と思っていることに、真摯に向き合わなければならない。

あなたの嘆きが指し示すものこそ、あなたの天命の領域ではないかと、次の事例を通じて、自身を見てほしい。

直感を手放すこと

あなたは幼いころ親に連れられ、海やプールで泳ぎを習った時のことを覚えているだろうか。

沈むのが怖くて、とっさに顔を上げるとますます沈む。何度も水を飲む苦い経験をしたのち、意を決して、顔を水の中にズブリと浸ける。すると体が浮かんで泳げるようになる。水中メガネをつけ、海に潜ると魚や海藻、岩や砂場があり、見たこともない美しい世界が開けていた。

怖いと思っていた世界に顔をズブリと浸けたら、直感に反して別の世界が待っていた。人生の真実もまた、直感的に捉えられない存在だ。

天命は「いやだいやだと言いながら続けてきたこと」、つまり直感に合わない存在かもしれないと見ることで、これまで考えもしなかったところに、大きなヒントが現れてくる。

人の話をじっと耳を澄まして聴いてみよう。

あなたも人の話す「言葉を超えて伝わってくるもの」を、実際につかめるようになる。そのとき、相手の「魂」とも思える真実の声が聞こえてくるだろう。

魂の思いやりも大切

私たちが、相手の言葉を超えて伝わるものをつかめるなら、人と関わる力に大きな変化が生まれる。

人の苦しんでいる姿を見たとき、思いやる気持ちが大切だとしばしば言われる。そのとき、私たちは相手の心の領域である感情や気持ちばかりに焦点を当てがちである。

私の母は八九歳になる。骨粗しょう症で何度も骨折しては入院している。痛くて大変なはずなのに、会って話すと、自分の子どものことを心配している。骨折の痛みや心の苦しみを受け取ることも大切だが、それ以上に母の子どもたちに対する「愛」、つまり魂の想いに「ありがとう」と言うことができる。

大きなイベントを控え、夜遅くまで残業している女性社員がいる。あなたは彼女の心の苦痛をねぎらい「夜遅くまで大変だね」と言うこともできるし、「感動するイベントにしようと、労をいとわないその想いがうれしい」と彼女の魂に触れることができる。

このように心と魂を区別すると、「感情の思いやり」と「魂の思いやり」の違いが見えてくる。相手の魂の想いと関わることができたら、相手を真に力づけることになる。なぜなら、その人は、自分には不動のものがあることに触れることができるからだ。

この魂への思いやりを続けていけば、人と関わる人間力に革命的な進化をもたらし、人間関係や仕事は大きく開けていく。

ポイント

嘆きの中に天命がある。
それに関心を抱くことが魂の思いやりだ。

第6番目の質問

「なぜあなたは、嘆きながらも特定の行動を続けるのですか」

天からのハードル

もし天命が人生の支柱となるならば、心の動きに惑わされない魂のあなたが人生に現れてくる。そして、あなたの仕事や事業は、しだいに独自性を帯び、社会になくてはならないものとなる。それこそが、あなたの天命の表現としての天職といえるだろう。

前回の問いは、「あなたが人生で、いやだいやだと嘆きながら続けてきたことは何ですか」だった。それは、見つかっただろうか。

もし答えがノーならば、それを考えながら進んでほしい。あなたの人生の中にも必ず見つかるからだ。それでは、第六の質問に移ろう。

質問6「なぜあなたは、嘆きながらも特定の行動を続けるのですか」

自分の人生なのに、どうして「いやだ、いやだ」と言いながら、その行動を続けるのか。これは奇妙ではないか。

「嘆きなどないよ」と言う人がいるかもしれないが、嘆きは巧妙に形を変えて、私たちの人生に存在している。

たとえば、「怒り」や「不安」「諦め」「焦《あせ》り」として、あなたには現れているかもしれない。このことは後でお話しするが、今は嘆きを広義に捉えてほしい。

「命」という字が持つ意味とは

私たちは、「命《いのち》」が最も大切なものだと知っている。その字が入った天命という漢字を広辞苑で調べると、文字通り「天の命令」とある（注6）。天命を構成する「命」という漢字を分解して調べてみると象徴的な意味があった。

図6の通り、命という漢字は、「人」「一」「叩」という三つの要素から成り立つ（73ページ）。

すなわち天命とは、「天が人を一番叩くもの」ということになる。

「命」が人間にとって最も大切なものなら、「人を一番叩くもの」が、最も大切なも

図6　命という字

命という字は、人を一番、叩くと書く。

人は天命に叩かれ悲鳴をあげている。

のということになる。つまり人は、天命に叩かれ悲鳴をあげているとも読み取れる。「それは、単なる私の解釈だ」とあなたは思うかもしれない。だがこの解釈は象徴的な意味を持つだけではなく、私の経験と積み上げてきた多くの実例とに合致する。

さらに、理解を深めるために、三つの実例を挙げてみよう。

天命に叩かれるからこそ嘆きがある

ナイチンゲールに憧れてOLを辞め、看護師学校に入り、その後一〇年以上も、終末医療の看護師を続けている女性がいる。

友人に紹介されて私のところに来た彼女は、私に相談したいことがあると言った。「看護師を辞めてもっと楽しい仕事を始めようと思っています。今までの仕事は、つらくて私には向いていませんでした。これからは自分に向いている仕事をやりたい」と一見明るく話す彼女だったが、なぜか苦しそうに見えた。

「本当は看護師をやりたいのですね」と言うと、突然ワッと泣き出した。「私は毎日、不治の病で死にゆく人たちのケアをしていながら、患者さんを二四時間、愛することができません。私は看護師に向いていない。やっていく自信がありません」

彼女に愛情がないのだろうか。来る日も来る日も、患者の体を拭き、下の世話をし、深夜勤務をこなしていた。誰からも感謝されるわけでもなく、彼女は、死にゆく人たちの残り少ない日々を精一杯癒そうとしていた。

しかし、ナイチンゲールを目指し、ナイチンゲールが持っていたであろう愛の基準を自らに課しているために、そのギャップに苦しんでいる。

「死を迎えようとしている人たちを愛で癒す」という途方もない天命を持ったその看護師には、自分の愛情が足りないと実際に苦しんでいる。私には、彼女が自分の天命に叩かれ、悲鳴をあげているように見えた。

同じ看護師でもこの天命を持っていない人には、「二四時間、患者を愛せない」ことは問題としてすら現れてこない。

それどころか、同様の職場で看護師をしていても、別の女性は「看護の手際が悪く、患者を待たせている。一刻も早く病棟のシステムを変えなければ」と駆り立てられるように話す。天命は「工夫して変革する」ことに関係しているようだ。

天命が異なれば、同じ看護師の仕事でも違う「嘆き」が出てくるのだ。

ミス日本も美に嘆く

心美人を旨とする「ミス日本」の候補者たちの人間性を高めるコーチングを長年してきた友人から聞いた話だ。

彼女たちはすでに十分美人なのに、「鼻がもう一ミリ高かったら」「唇がもう一ミリ厚かったら」などとコンプレックスを持ち、嘆いているという。

私は驚くと共にその意識に感服した。美に責任がなければ、そこまでは考えないからだ。

あなたは嫌味だと思うかもしれないが、美しさにコミットしているからこそ、彼女たちは「一ミリ」を嘆くのだ。

西郷隆盛すら「誠が足らない」と嘆いた

明治維新の功労者、西郷隆盛は、「人を相手にせず、天を相手にすべし」という言葉を残した(注7)。これは、「敬天愛人」の言葉と共に知られている。

ただ、その後に続く「我が誠の足らざるを尋ぬべし」という言葉は、ほとんど引用されていない。「自分の誠が足らないのを常に反省すべし」と西郷が自身に向けて言っているのだが、誠の塊の西郷が言っているので、謙遜と受け取られたのだろう。

しかし私は、西郷は実際に「自分には誠が足らない」と嘆いていたと確信する。天を相手に誠の基準を見ていたなら、誠が足らないと言ったのはうなずけるからだ。

この言葉から、回天の大事業を成し遂げる過程で、西郷が常に自分の誠実さと格闘していたことが推察される。

事実、西郷は多くの漢詩を残し、初期のころには、自分の境遇を嘆き、実際に天に対する悲鳴にも似た漢詩を詠んでいる（注8）。

天から与えられたハードル

図7を見てみよう（79ページ）。

自分に課す基準が低い人は、ハードルも簡単に越えられるし、苦しみも少ないだろう。しかし、目指すべき基準、いや天から与えられたハードルが高ければ高いほど、自分の今の実力とのギャップを見て、その困難に直面し苦悩することになる。

それは家庭でも同じかもしれない。

親には「子どもを育て家庭を守る」という使命がある。家事や子どもの教育、また親戚関係に関して嘆くのも、本当の原因がそこにあるとしたらどうだろうか。

自らの高い基準を達成するためには、厳しいハードルをいくつも越えていかなくてはならない。あるべき姿と現実の違いに心が悲鳴をあげているのだ。それが、「いやだ、いやだ」といった嘆きの言葉で表されていることが透けて見えてくる。

天命という高いハードルが設定されているからこそ、あなたは叩かれ、嘆くことになる。低いハードルならば、現状に満足して、何も苦悩することはないはずだ。

もしあなたが、嘆いている人の感情ばかりを思いやり、「そんなことやめたら」とアドバイスするなら、その人は天から与えられたハードルを、いつまで経っても越えることはできない。

だからこそ、私たちは自分の「嘆き」を引き起こす、崇高なハードルがあることを知らなければならない。

ポイント

天命はあなたが天の基準を課すほど大切なもの。だから、嘆きながらもやり続けている。

図7　天から与えられたハードル

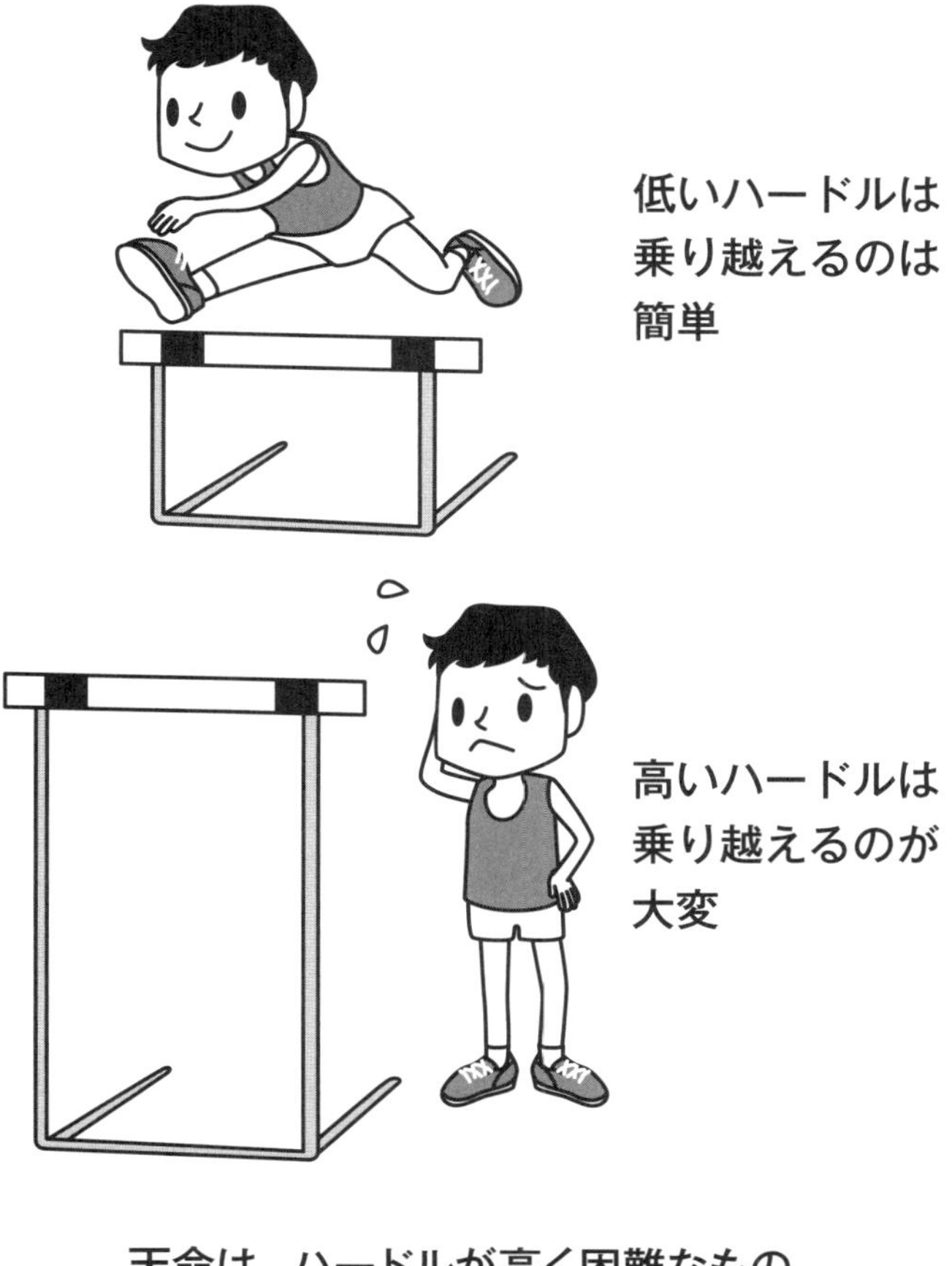

天命は、ハードルが高く困難なもの。
だからこそ崇高である。

第7番目の質問

「あなたは人の心の動きと、どう関わっていますか」

天命をどのようにつかむのか

前項は、なぜ「いやだ、いやだ」と言いながら、やり続けてきたのかを探求した。つまり、自分に与えられた、いや与えた天命のハードルが高いので、嘆きながらも行動し続けているのではないかという可能性を見てきた。

では、人の心と関わりながら、どのように天命をつかんだらよいのだろうか。天命を人生に生かす第七の質問は、これだ。

質問7「あなたは人の心の動きと、どう関わっていますか」

嘆きの奥にその人固有の源泉がある

残業もいとわず、与えられた仕事を黙々とこなす一人の女性社員がいた。ある日、彼女が突然「会社を辞めさせてください」と言ってきた。

小さな会議室で彼女に向かって、「あなたは人の助けになるという志から、これまで一生懸命やってきたじゃないか」と言うと、彼女は、こう答えた。

「人生を振り返ってみると、人の助けになりたいという思いは、ずっと私の胸の中にありました。たしかに、その想いは、繰り返し出てくることだし、人生に一貫するものだと認めます。でも実際に自分を見つめてみると、人に良くやっていると認めてもらいたいからであって、結局は自分のためにやっているズルイ人間なのです」と。

さらに続けて「周りの人たちに、私がよくやっていることをわかってもらえないから、さりげなく行動でアピールしていました。私は『認めてもらいたい』からやってきたのであって、『人の助けになる』などというそんな大それたことをやっていく自信はありません」と、声を詰まらせた。

ここで注目すべきは、「人に認めてもらいたい」という心情ではない。それは、単に私たち誰もが持っている共通の心の動きである。それに対して、その人に固有のものは「何によって」人に認められたいのかという点であり、それをつかんでほしい。

それはアピールしてまで、「人の助けになる」ことを示したいのだ。

しかもこれが、彼女の「天命」と関連しているとしたらどうだろうか。

私は奇をてらった解釈を、あなたに提供しているのではない。

言い換えれば、その女性は、「分析力が優れている」とか「思いやりがある」と認められたいのでもなく、「挑戦している」と見られたいのでもなかった。ただ「人の助けになっている」と認められたかった。そして、そのことが「わかってもらえない」と嘆いていた。その思いが、彼女の天命に大きく関わっていると見えないだろうか。

図8を見てほしい（85ページ）。

ここで、嘆きと天命の構造をまとめてみよう。

通常、人は「心の動き」ばかりに捉われ、その動きの源泉である「天命」を見ようとしない。「認めてもらいたい」「わかってもらえない」という誰もが持つ心情の奥に隠れている、その人固有の「源泉」がある。

この嘆きは、形を変えて現れる。

ときには「感謝してほしい」という怒りとして、あるいは、人の助けになれるのか

「自信がない」という不安として、私には、「無理だ」という諦めとして、また、「やらずにはいられない」という焦りとして、表出することもある。

逆にあなたが他の人の嘆きを聞いたとき、嘆きの言葉にのみ注目してしまい、そのような人を、「ダメな人」と否定していないだろうか。

もしそうなら、あなたは、その人の天命をつかむ機会を失うことになる。否定された人たちも、嘆きの源泉を自分の人生を貫く大切なものだとは思えなくなるだろう。

その結果、自分の天命を否定して仕事への意欲と活力を失うことになるのだ。

心の嘆きには源泉がある

あなたが周りの人たちの嘆きのような言葉に基づいて、その人をダメだと評価するのではなく、それがどこから出てくるのか、その源泉を捉えることが大切である。

そのような嘆きは、人の心の奥底にある天命に対する畏れであるかもしれない。それを受け入れたとき、あなたには嘆いている人への尊敬が生まれてくるだろう。

自分の周りの人たちの心の動きに関する言葉から、天命を見ることは容易なことではない。また、修得にも時間がかかる。しかし、「人の天命と関わる」という強い意

図8　嘆きの壁

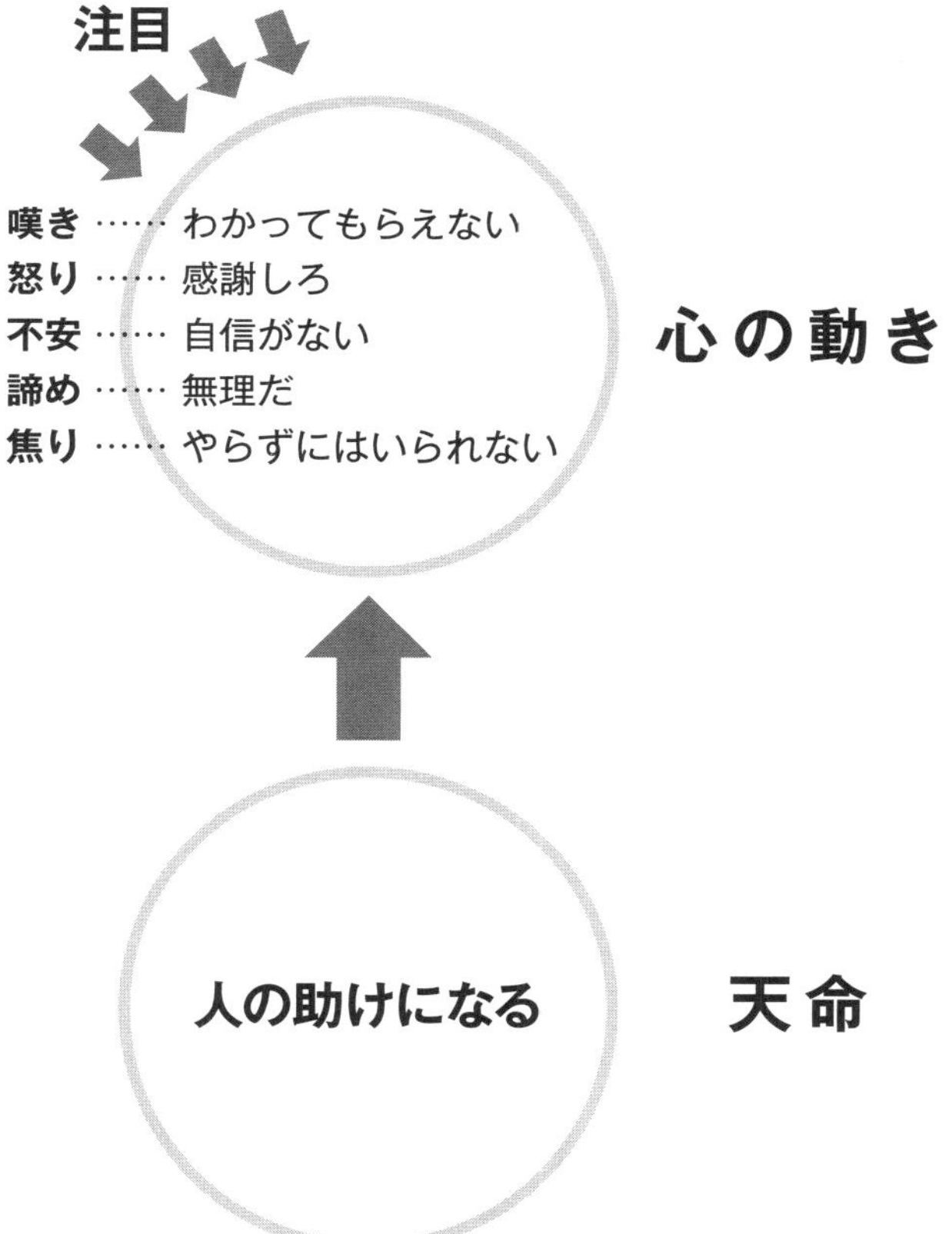

**自分の心の動きばかりに注目し、
不動のものが隠されてしまっている。**

志で働きかければ、着実にあなたの仕事に成果が表れてくることは間違いない。

嘆きは誰にも存在する。

その嘆きを通して、お互いの天命を思いやることができたら、あなたはしだいに、同僚や家族、周りの人たちの心の揺れに、尊敬と愛情を持って関わるようになっていくだろう。

与謝野晶子は反戦の想いを魂から発した

明治の代表的な歌人、与謝野晶子は日露戦争において、戦場に趣《おもむ》く愛する弟への「想い」を、「君死にたまふことなかれ」という詩に託した（注9）。その副題には、「旅順口包囲軍の中にある弟を歎《なげ》きて」とある。

これは、「嘆き」の詩であるにもかかわらず、当時の多くの人たちを力づけた。晶子は単に個人的な感情ではなく、「人の持つ普遍的な愛を伝える」ことが、自分の天命だと知っていたからこそ、反戦者と非難される危険を冒しても、それを公に発表することができたのではないだろうか。

社会では、負の感情や心の揺れを表わすことはよくないとされている。そのため、見せてはいけないものとこれまで封じ込めてきたために、いつの間にか美しい情感や感性までも表わさないように無表情に生きている人たちがいる。

もし私たちが、仕事や人間関係に悩み、深い嘆きが現れる消極的に思える心情をも、その「魂の源泉」を認めることで自身や人に許すことができるなら、桜の散るのに涙し、紅葉の美しさに息を呑むような豊かな情感をも、あなたは併せ持つことができる。そして心の揺れによって、あなたの天命への志は挑まれ、さらに磨かれていく。

ポイント

人の心の動きの奥に魂の想いを見ることができれば、あなたは人を救うことができる。

第四章

人生の統合から天命をつかむ

天命の暗号を解く第一の方法は、
嘆きの中に暗示されていた。
第二の方法は、あなたの過去に関する
言葉の中に指し示されている。
あなたの過去の人生の中には多くの否定と
矛盾があるように思われるが、
実は、それは一本の経糸《たていと》でつながっている。

人生の統合とは、
過去の出来事の中に
一本の経糸を見出し、一本の柱とすることである。

第8番目の質問

「あなたの過去の人生を貫いているもの、それは何ですか」

過去の経験を人生の力にする

あなたは、嘆きの言葉に暗示された天命をつかむ感覚を、もう持ち始めているかもしれない。うっすらと自分の心の奥底にある、変わらざるものがあることを。

もしそうなら、その「不動のもの」との関係をさらに深めていこう。

私たちの過去の人生には、さまざまな事件が起こり、出会いがあった。それらは、あたかも偶然のように、私たちの人生を構成している。

しかし、それらは本当に偶然なのだろうか。

第八の問いは、これだ。

質問8「あなたの過去の人生を貫いているもの、それは何ですか」

過去には、いろいろな経験がある。人生を振り返ると、すばらしい経験もあったが、思い出したくない経験もある。どんな人にも何かしら否定している過去があるはずだ。

自分の過去の人生で、何を否定しているのかを見てみよう。

過去に関する否定の言葉が、人生を一貫性のないものにしており、さらに、その過去を否定する言葉が、私たちの求める「天命」を暗示しているとしたらどうだろうか。

これから、いよいよ自分の天命を導き出す「人生の統合」に関する探求に、あなたと共に入っていきたい。

まず、過去の人生の肯定を行おう

第八の質問にある「人生を貫くもの」という言葉には、あなたの人生に一本の経糸《たていと》を見出すための二つの段階が含まれている。それは過去の肯定と、もう一つは過去の統合だ。

まず、第一段階は、あなたの過去の人生の肯定を行うことだ。

普段は意識していなくても、過去の経験の中で否定していることが、今のあなたの人生の活力や仕事の独自性、さらには人間関係をも奪っているとしたらどうだろうか。

以前、一人の中年のプログラマーに会った際、次のように自己紹介をされた。

「家が貧しく大学にも行けず、父親は酒好きで本当にひどい家庭でした。ようやく就職できたと思ったら、その会社は売上至上主義で、最悪。だから、その会社に勤めていたことは、私の履歴には載せていません。今の仕事を始めてから、ようやく私の人生は良くなりました。過去は忘れて、今は前向きに頑張っています」

正直だが、肯定しているのは今の仕事だけ。それ以前の経験はマイナスで、今の仕事のエネルギーになっていない。精力的な人なのだが、なにか薄っぺらな人生を感じてしまい、共に仕事をする気がしなかった。

私たちには、父親や母親との関係、大学に行けなかったこと、職業を変えたこと、離婚したこと、生い立ち、さまざまな否定がある。もしかしたら、その否定していることが、「天命」を見失わせ、仕事や人生にパワーを失わせているかもしれない。

過去の人生の肯定は大きなパワーになる

香港のバーで、世界的ファッション企業を買収した中国人の人生を聴いたことがある。

「私の家は貧しく大学に行けなかった。おかげで私は、ストリート大学（路上大学）で勉強し育てられた。中学を卒業して女性ばかりの縫製工場に入って、鍛えられた。そして、世界企業を夢見て小さな縫製工場を創業し、ついには、このブランドを持つ会社を買収できた。私の周りのさまざまな人たちが私の先生だった。私はストリート大学で学べたことを本当に感謝しているんだ」

この偉大な中国人は、初めから自分の人生を丸ごと肯定していたとは思わない。むしろ、最初は自分の「投げ込まれた」環境を恨んでいたはずだ。

私は多くの人の天命に関わる中で、仕事を繁栄させていく人たちが、しだいに自分の過去を肯定するようになったことを見てきた。

過去に起こったことは、どうあがいても変えることはできない。しかし、その否定している過去との関わり方は、自分で変えることができる。

図9を見てほしい（95ページの上の図）。

グレーに塗りつぶされた部分が、人の持つ「力」の量だ。過去を否定している人に

図9　現在しか肯定していない人

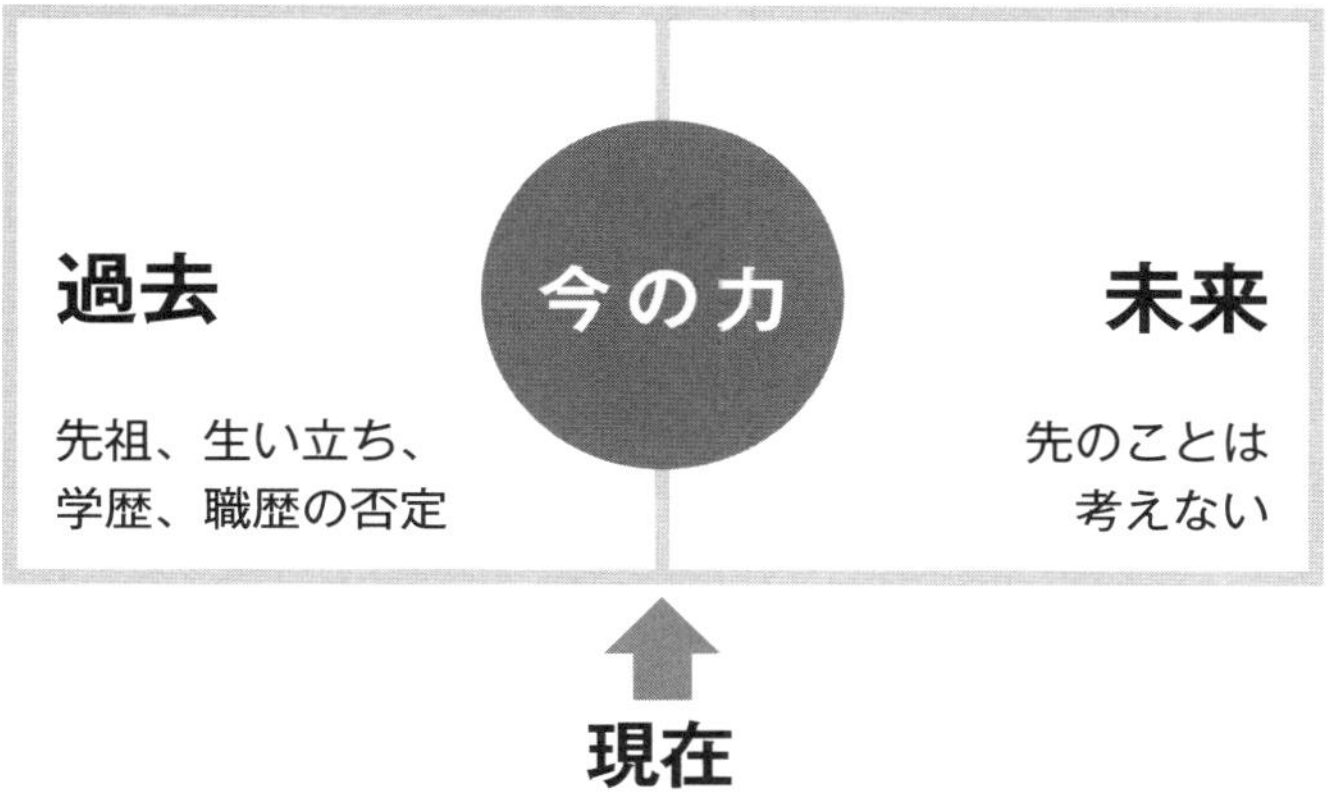

図10　過去を先祖まで統合した人

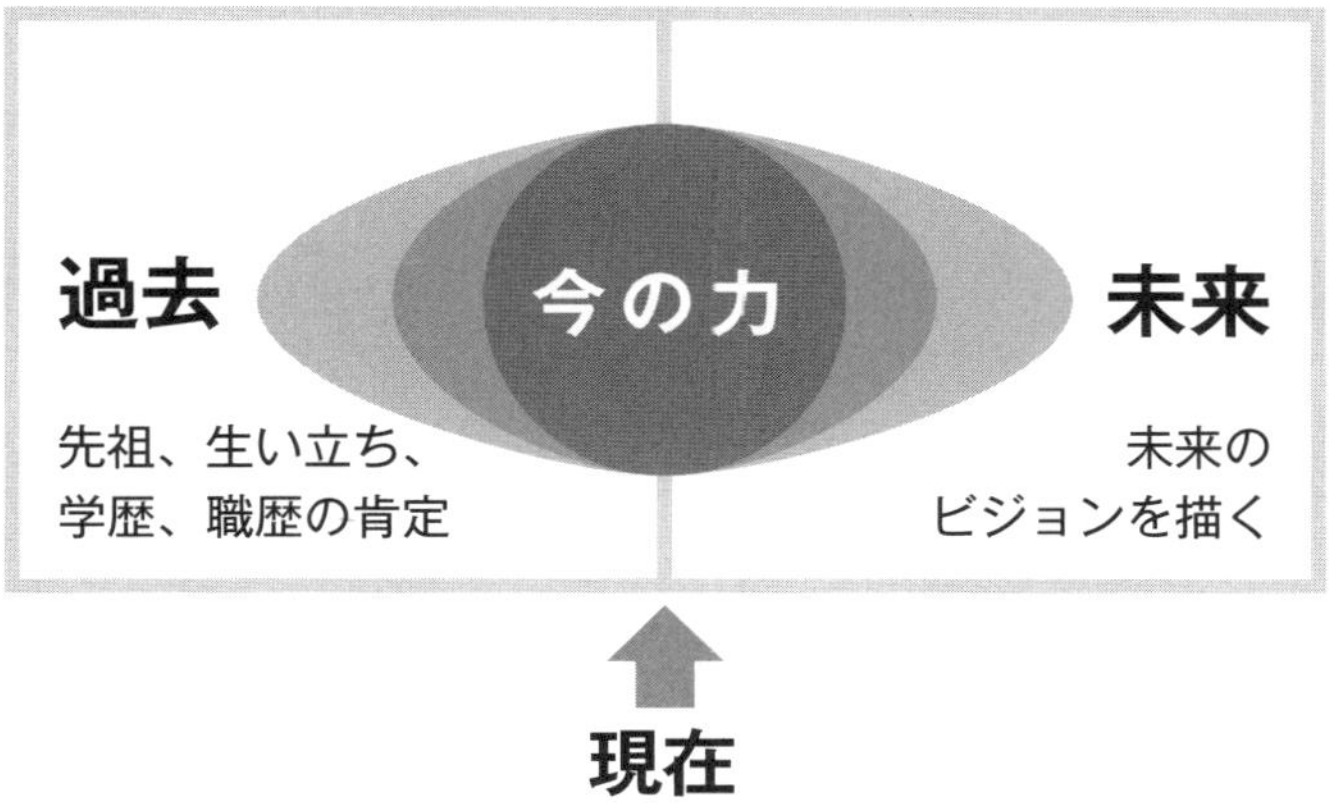

は、過去の経験は現在のパワーにはならない。だから全体的なパワーは小さくならざるを得ない。

次に図10を見てほしい（95ページの下の図）。

この図では、過去の経験を生い立ちまでさかのぼって肯定し、未来を描いた人のエネルギー量の大きさを、グレーで塗りつぶしてある。先の中国人経営者のように過去の経験をすべて今のパワーに変換することができるのだ。

過去を振り返ると、感動したこと、楽しかったこと、苦しかったこと、失敗、恥ずかしかったことなど、さまざまな経験がある。そんな経験を先祖までひっくるめて、自分の人生を丸ごと肯定できる人には、とてつもないパワーが宿る。

あなたの人生を貫くものは何か

ただ、誤解しないでほしい。私はなにも、過去の辛苦をプラス思考で解釈し直そうと、言っているのではない。

過去に起こったすべてがあるから今の自分があるという洞察は、天命をつかむ最初の段階にすぎない。自分の過去の人生の肯定は、その中に何らかの一貫性を見出すところまで高められてこそ、あなたは自分の天命と、直接つながることになる。

人生に経糸を見出す第二段階は、自分の「過去を統合する」ことだ。

あなたの過去の人生を通して貫くものは何か。あなたの人生には必ず一貫してやってきたことがあるといえば、あなたはどういう反応をするだろうか。

知人に古い商家の旦那の雰囲気を持った、ビジネスコンサルタントがいる。過去に二八もの職業を経験し、今はビジネスコーチングの仕事をして全国を飛び回っている。

彼にとって、いくつも仕事を変えてきたことは、もちろん言いたくないことだった。「出口さん、職業をこんなに変えると、自分でも忍耐がないように思える。そのことも今の自分をつくっていると受け入れられるようにはなったが、二〇以上も仕事を変えているので、自分の人生には一貫性があるとは、とても思えないよ」と言う。

過去は肯定しているものの、自分の人生の「経糸」は見えないのだと。

私は「いや、必ず一貫したものがある。何か共通しているものがあるはずだ」と返

すと、

「そういえば、いろんな職場を経験したけど、どの職場でも人から相談されていたなあ。職場の人たちだけではなくて、経営者や社員の家族の人からも相談を受け、アドバイスをすることがしばしばあったよ。そうか、今も同じようなことやっているよな。人の相談を受け、コーチングをやっているのだから」と、少しずつ出てきた。

さらに続けて、

「私のコーチングは、経営者、社員、家族の関係を改善することに主眼があり、それが三位一体となって初めて結果が出る。これも、社長だけではなく、従業員や家族の相談に乗っていた経験があったからだなあ」と、うれしそうに言った。

このコンサルタントは、さまざまな職業の人たち、しかも経営者、従業員、家族のことも知る機会に恵まれていたことになる。どこに行っても、どの職場でも、彼はどういうわけか相談される立場にあった。

多様な経験があったからこそ、今は幅広いビジネスで、しかも、家族や従業員さえも含めた、彼独特のコーチングスタイルができているのだ。

過去の統合から天命を発見する

さらに、彼の少年時代の中にも、こんな発見があった。

「小さいころ、母が近所の子どもたちをいつも家に呼んで遊ばせていた。多くの子どもがいたので自分のおやつの取り分も少なく、母を恨めしく思った。しかし、思い返してみると、自分は広い愛情を持った母のお陰で、家にくる近所の子どもたちの世話をし、いろんな相談に乗っていた。なんと自分の人生は、人の『相談に乗る』ことで、一貫しているじゃないか。しかも母親の大きな愛情を受け継いでいる」

今では、自分の人生の出来事を肯定するだけではなく、その中から一貫した天命ともいえる不動のものを導き出している。それが、彼に強いエネルギーを与えている。それゆえ、コンサルティングの仕事を全国に広げる計画を立て、以前は東京を中心にしていた仕事を、広島や名古屋、高松などに広げている。

あなたも必ず人生の中から、一貫した経糸を抽出することができる。それを認め、志せば、過去の出来事をつなぐ一本の太い柱に成長していくだろう。

その経糸が、あなたに与えられた天命かもしれない。しかも、気づいていないだけで、過去の人生の中で、終始一貫、実行され続けてきた。

つまり、あなたはもうすでに天命の中にいたのではないか。気づいてそれを志し実行するのと、気づかないで実行するのと、どちらがあなたのパワーになるだろうか。

自分の過去の統合からくる志ほど、エネルギーを与えるものはない。過去の統合は、あなたをますますあなたらしくし、さらに仕事や事業に独自性を与えるだろう。

先祖との関係はパワーを与えてくれる

日本では、歴史的、伝統的に先祖を重んじる。これは、子孫にエネルギーを与える民族の智慧ではないか。

私たちは、どれだけ自分の過去をさかのぼって肯定できるだろうか。もし生い立ちや出来事だけではなく、自分の親や祖先まで肯定し、さらに統合できるなら、大きなエネルギー源となるだろう。


ところが、最も近い先祖である自分の親を、敬遠している、あるいは否定している人は、あまりにも多い。どうしてこんなに多いのか、人間の不思議の一つだ。しかも否定しながらも、根本的には切っても切れない関係なのだ。親との関係は、嘆きながらもやり続ける天命との関係と酷似している。どちらも、私たちに与えられたものであり、それを避けることはできないのだ。

あなたも自分の親を、何とも言いようのない否定をしていないだろうか。

私の主宰する研修「個の花道場」に、このような人が来た。

「私の祖父は宮大工で、父は工務店を営み、三代目の私は造園業とバラバラの仕事です。四〇歳を超えて、最近、少し人生に疲れていました。でも先輩の紹介で、幸運にも京都の迎賓館を見せてもらうことができ、日本建築や造園の美しさに、もう一度頑張ろうという気持ちが湧いてきました」

彼は父親に激しく反発し否定していた。

「父は仕事で忙しく、遊んでもらった記憶がありません。自分が大きくなる過程でも、父親らしいことは何一つしてくれませんでした」と言う。

何度か過去の統合について話をする過程で、彼の過去の出来事への関わり方は変化していった。

「私の祖父は宮大工で、日本の伝統ある和風の家をたくさん建てました。父はその仕事を発展させ工務店をやり、私はさらに建物だけではなく、和の造園の仕事までやるようになりました。父は私とキャッチボールをしてくれませんでした。でも幼い私の手を引いて、いつも家を建てる現場に連れて行ってくれました。そこが私の遊び場だったのです。祖父から私まで三代にわたって、脈々と流れるものがあります。それは、和の建築を愛する心と、納得いくまでとことん仕事をする職人魂です」

こんな自己紹介をする彼は輝き、仕事を頼みたくなる人になっていた。今は敬遠していた父親とも一緒に飲む関係になっている。

自分の姿に過去への関わり方が表われる

あなたが人前に立ったとき、実は、あなたの姿には、人生への関わり方そのものが表われている。同じことを話していても、パワーのある人とない人がいる。さわやかな感じや、気骨を感じる人もいれば、なにか違和感を与える人もいる。

よく仕草や言葉使いから相手の心理を読むといわれるが、そんな生やさしいものではない。人にはそれぞれ別の人生の経験と、親や先祖から受け継いだものがあり、それへの関わり方があなたの姿に現れている。

人にはあらゆる可能性があるのではなく、その人固有の可能性がある。人にはそれぞれ持っている個性や能力があり、それぞれ別の人生の経験と先祖から受け継いだものがある。

「過去の人生を統合する」過程で、一貫したものを見出すとき、自分に備わった個性や能力が見えてくるだけではなく、その中にあなたの天命が見えてくる。人が天命に志すことで、それが仕事や人生、そして親や先祖との関係の中に表われ始める。

それが、今のあなたの姿と可能性を創っているのだ。

幕末、松下村塾を主宰し、三〇年の短い生涯を閉じた吉田松陰がいた。松陰は処刑前の人生最後の二日間で、門下生に宛てた五千字の遺書「留魂録（注10）」を、獄中で書き上げた。それが秘かに伝えられ、門下生の魂を震わせ、その志は明治維新の立役者となった高杉晋作、久坂玄瑞、伊藤博文など多くの青年に引き継がれた。

志半ばの松陰にとって、獄中で自分の過去の人生を統合する機会が与えられ、そのパワーが明治維新の原動力になったといえる。

処刑直前のある日、獄中にいる吉田松陰は肉親に永久の別れを告げる「永訣書」を書いた。そのとき松陰は、次のような辞世の歌を詠んだ。


親思うこころにまさる親ごころ　けふの音ずれ何ときくらん

松陰は天命への志を貫いたことに悔いはないが、早すぎる自分の死の知らせを聞いて、どのように悲しむだろうかと親の胸中を思いやった。

松陰といえども、当初は獄中で冷静さを失い、門下生に立ち上がれと檄《げき》文を送り続けた。その過激さに、門下生たちはついて行けない時期があった。

しかし、松陰はしだいに自らの死を覚悟し、「短い人生にも四時（四季）があった」と、これまでの人生を受け入れ、門下生に向かって、魂を震わす「留魂録」を書き上げた。処刑の直前に、松陰は人生の統合を行うことができたのだ。

過去の人生を統合する過程で、あなたの過去との関わり方が転換する。人生を貫く一本の経糸を見出すとき、その中にあなたの天命が見えてくる。

私たちが天命に志すことで、それが仕事や人生、そして親や先祖との関係に現れ始める。

ポイント

過去に起こったことは変えることはできない。あなたの過去を貫く一本の経糸を見出すことで、過去との関わり方を変えることができる。

第9番目の質問

「あなたは自分の未来をどこまで含んでいますか」

未来をも人生の力の源にする

前項の問いは、「あなたの過去の人生を貫いているもの、それは何ですか」だった。この探求を通して、自分の過去にある否定を受け入れ、その中からあなたの人生を貫く一本の経糸を発見したとき、それは、あなたの人生の指針となり得る。

人生を貫く一本の経糸を見つけ、それを天命として志すことができるならば、あなたの過去は一本の柱で貫かれ、計り知れない人生のエネルギーとして変換される。

多くの人たちの人生を振り返るとき、さまざまな形ではあるが、一人ひとり、たしかに人生に一貫するものが存在する。それは人生の行動傾向であるがゆえに「動詞」として表現できる。

人生の中に一貫して流れているものを、「挑戦する」「楽しませる」「育てる」「伝える」などの動詞として表現することで、「過去の統合」ができるのだ。

自分の人生を振り返り、終始一貫している動詞が、自分の人生を貫く「一本の経糸」となり得る。

他にも、「変革する」「開拓する」「調和する」「役割を果たす」「平和にする」「癒す」「応援する」「助ける」「救う」「解決する」「造る」「創作する」「分析する」「工夫する」「探求する」「継続する」「守る」などの天命動詞がある。

これらは、天命と天職を探求する研修道場で、すでに二万人を超える人たちの人生を貫く天命のデータを基に分析した結果である。

人生を統合した柱で未来を打ち立てる

天命はあなたが生きてきた人生の中に秘されている。

しかも、あなたは気づかないだけで、それをやり続けている。

それをつかむことは容易ではないが、自分自身に「人生で一貫している動詞は何か」の問いを発し続ければ、必ず見つけ出せる。

それは、あなたの中にすでにあるものだからこそ、意識して形に現すことができれば、底知れぬ「力」を発揮する。また、今までにやってきたことだからこそ、これから先の未来もそれをやっていける。ここにあなたは希望溢れる未来を打ち立てること

図11　過去の統合

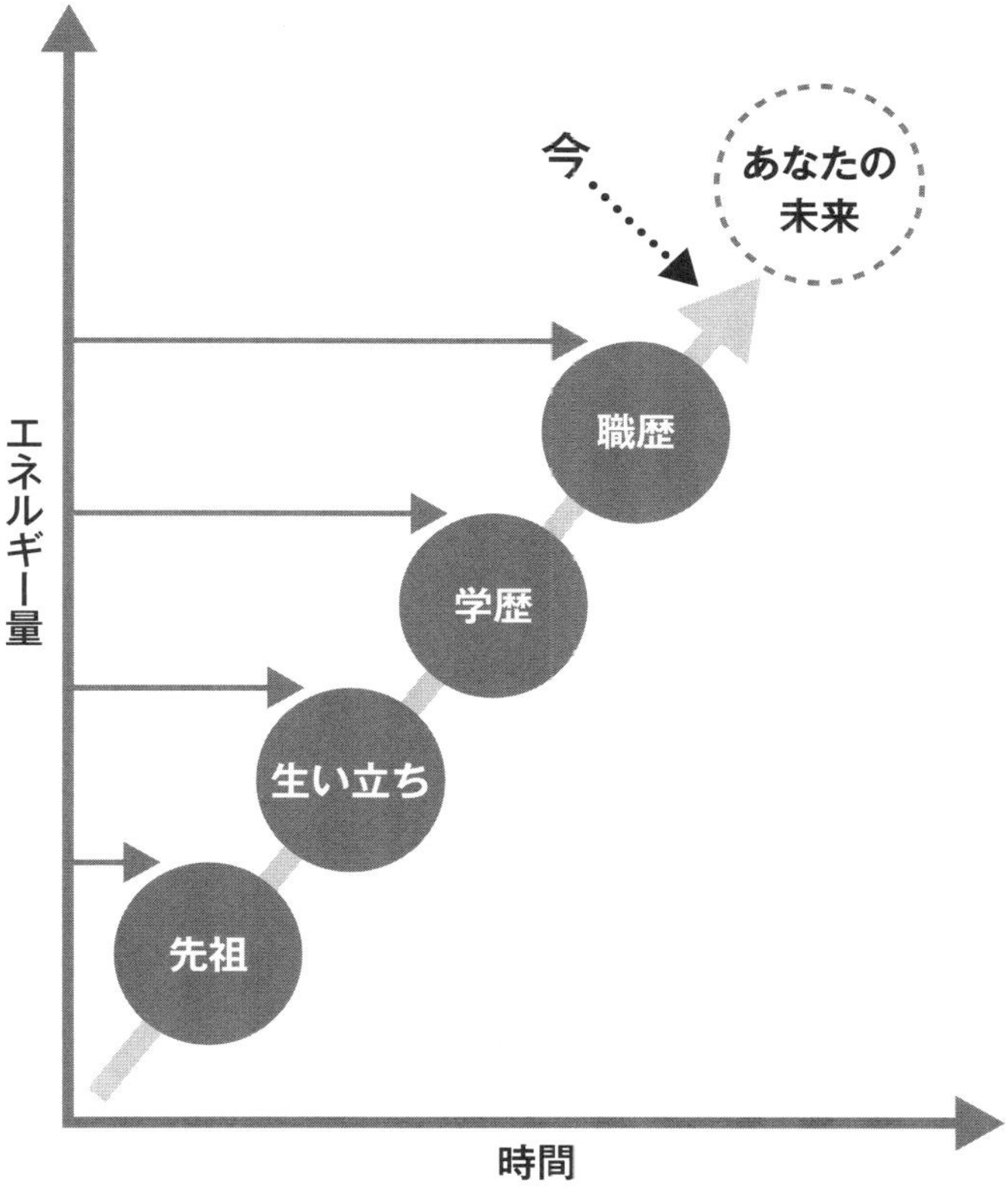

**自分の人生の中に1本の柱を見出し、
太い柱になれば、大きなエネルギーになる。
1本の柱の延長線上に未来がある。**

ができる。

「人生の経糸」を見つけ出し、自分の言葉で表現できるようになったとき、しだいにあなたの未来がその延長に現れ、天命が仕事や人生の中に明確に影響し始める。

図11（109ページ）を見てほしい。

ここにあなたは自分の未来を自覚的に打ち立てることができる。

あなたの未来はどこまで？

あなたの人生の中には、「動かざる一本の経糸」が必ずある。そして、あなたの未来は、その延長線上に未来を創造できると、私は言い切りたいのだ。

ならば、天命を仕事や人生に生かす道を歩むための第九の問いは必然的にこうなる。

質問9「あなたは自分の未来をどこまで含んでいますか」

再度、誤解を恐れずに言おう。

あなたの未来は、過去の統合を基礎に未来を強く描くことができる。

これは、自分の過去の延長線として存在する未来を、どれくらい先まで自分の人生に含めるのかを意味する。

未来をどこまで含めるかで生き方が変わる

わかりにくいことかもしれないが、先の質問の意図は、天命を考えるために大切なことなので、地球環境の例を使って掘り下げてみたい。

もし私たちが自分の人生の時間枠だけで事業を考えているならば、生きている間、今のような大量のエネルギー消費が続いても、人間の住めないところまで地球の環境汚染や自然破壊が進むことはないだろう。つまり、私たちの世代までは、なんとか安全だといえる。

しかし、子ども、孫、その先まで含めて考えてみると、子孫が安全に地球に住むことができるかどうかは疑問だ。何代も先の子どもたちの未来をも私たちの人生として考えたとき、ゴミやエネルギー、地球温暖化など、さまざまな問題に対する行動を、今から起こす必要が出てくる。熱心に環境問題に取り組む人たちは、「今」の自分の人生に子孫のことまで含んでいるのだ。

つまり、未来をどこまで含めるのかという考え一つで、「今」の私たちの生き方や行動は変化する。

しかし、その未来を含む行動が、あなたの過去を統合したところからくる未来でないならば、その行動の持つエネルギーは実に弱いものになってしまう。

あなたが最も時間と情熱を傾けてきた仕事や事業の中でこそ、未来のための行動に取り組むことが必要である。本来の事業から離れたボランティア的な活動では、大きな成果にならない。

また、夢も未来のヴィジョンも新規事業も、あなたの過去の統合からくる不動のDNAともいえる「天命」を引き継ぐことで、本物のエネルギーを得ることができる。

過去と未来を含む中今《なかいま》に生きる

人生を振り返ると、多くの成功や失敗、感動したこと、楽しかったこと、苦しかったこと、思い出したくないこと、多くの相矛盾するような経験が存在する。

図12　未来の統合

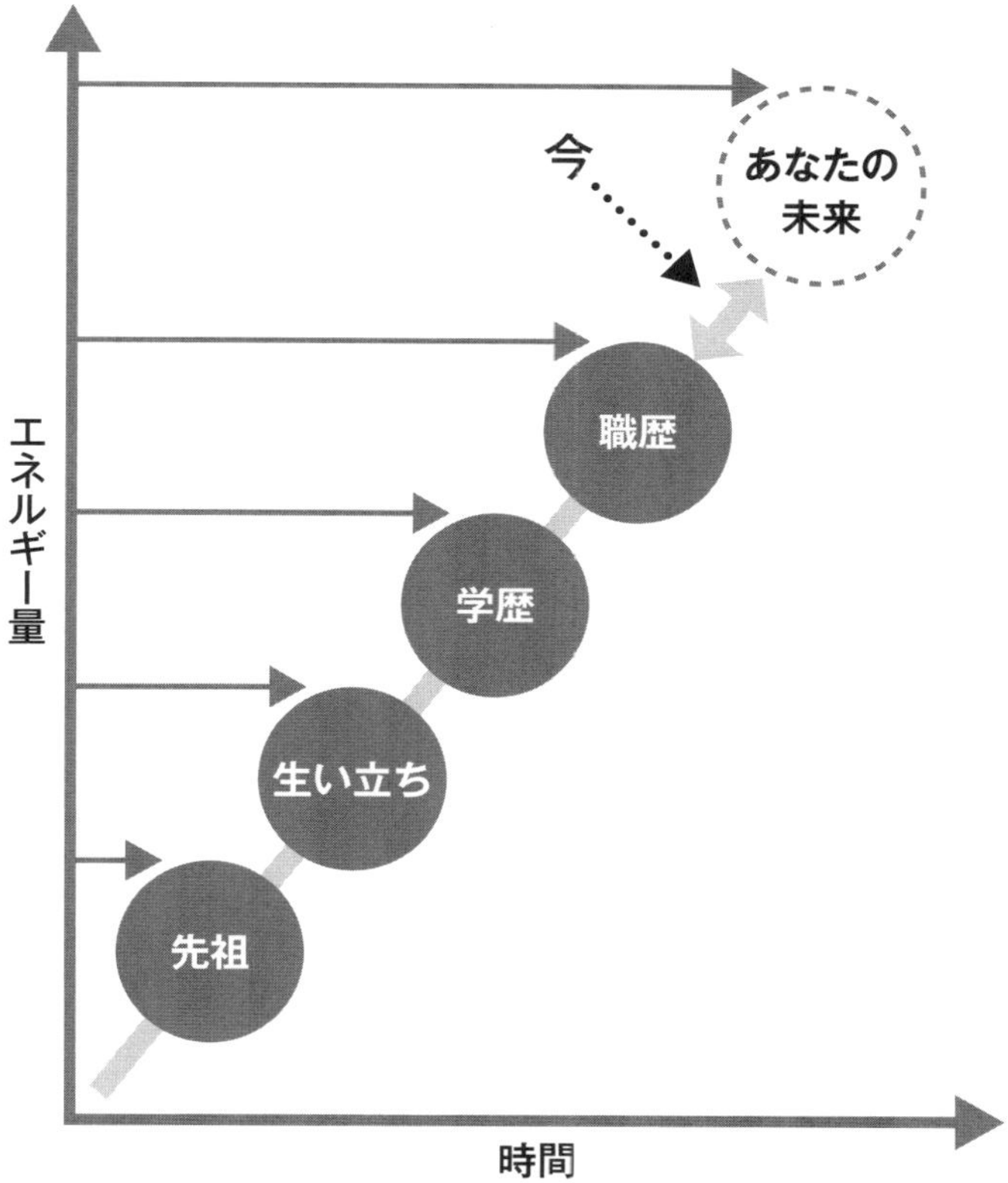

過去から1本の柱が貫く。
過去にやってきたことなら、
未来もやり続けることができる。

図12を見てほしい（113ページ）。

もしあなたが過去の人生を統合できれば、過去のすべての経験は「今」のあなたのエネルギーとなって現れる。

さらに、その一本の延長線上に未来を創造する。あなたは、過去にやってきたことならできるし、未来もやり続けることができることは確かなのだ。

「私の人生は、モノづくりを通して人を楽しませることで一貫している。それは過去ずっとやってきたことだし、これからもそれをやり続けることは間違いない」

このような悟りにも似た確信を得ることができたらどうだろうか。

未来をどのくらい自分の人生に含めるかで、あなたの志がより揺るぎないものに形成され、今の仕事の方向性に、より強い力と自信を与えることになる。

過去と未来を含む人生の統合によって、あなたの今までの人生に秘されていた天命は、あなたの現在と未来のための究極のエネルギー源として、忽然《こつぜん》として現れることになるだろう。

あなたが含める未来の範囲を明確にする

どのくらい先の未来を人生に含めるかは、あなたの人生を振り返って、空間的なものと時間的なものを観察することで明確になる。

私の道場に長年通ってきた三十代の男がいる。彼は、全国に七千人の卒業生を持つメイク教室を運営するだけではなく、ベトナムやタイにまで教室を広げている。

初めて会った時の彼は、百貨店の化粧品売り場に立つメイクの仕事を辞めて、無職で世の中を斜めに見ていた。

彼の祖父は大手の重電機メーカーの技師で、彼の父親は祖父と同じ会社に勤めるが、学歴社会に疑問を持ち、新たなことに挑戦したいという想いから、バブル絶頂期の「脱サラ」という言葉もまだない時代に会社を辞め、長年の夢であったバーを開いた。しかし客は来ず、家計は傾き、母親は家族を守るために仕事を始めた。

彼はこんな父親を「仕事を失敗し、家族に迷惑をかけて、なんて情けない奴なんだ」と恨んでいた。

あるとき、自分の人生を統合していると、父親から「常識を疑い、新しいことに挑戦する」という志を受け継いでいたことに気がついた。それは衝撃的なことだった。

後年、彼は父親と飲む機会があった。父親は、「俺は成功できなかったが、お前は学歴もないのに成功した。本当にうれしい」と目を潤ませた。

「おやじ、俺が成功したんじゃない。成功するのに二代かかったんだ。おやじから、『常識を疑い、新しいことに挑戦する』という志を受け継いで、俺はやってきた。だから二人の成功だよ」

父親は、「俺は何もしていないが、うれしい」と涙を流しながら、日本酒をがぶ飲みしたという。「成功するのに二代かかった」という短い言葉が、父親を幸せにした。自分という肉体を超えて、父親の人生を自分に含むことができたのだ。

彼は「多くの女性は自分の顔を嫌っていて、メイクをすることで自分ではない人になろうとしているんです」と私に嘆いた。メイク界のこれまでの常識を疑い、なるべくメイクをしないメイクを標榜している。

シンプルさとミニマリズムの中に女性の美しさを見出す過程で、それが日本文化の「粋」や「わび」の伝統に通じると気がついた。彼の意識は、時間軸をさらに広げ日本の伝統までを自分の人生に含むようになった。

サムライ時間に生きる

メイク教室を運営する彼の変化の源泉は、「日本の美しさを伝える」という使命が未来の事業の中に存在するようになったことである。彼は日本の控えめな雰囲気を持つ女性と結婚して一人の子どもを授かった。そのことも影響してか、日本の伝統と美を孫やひ孫の代までも残すという未来ヴィジョンができあがった。

これは彼の人生の中に、自分の一生をはるかに超えた未来を含めたことになる。有限の人生の中に無限さを創造したのだ。

一方、私たちには有限の時間しかなく、その中でやるべきことしかできない。無限の時間枠の中に立ち、自分の有限な人生を全身全霊で生きることを、私は「サムライ時間に生きる」と呼んでいる。

戦国時代のサムライは朝、戦場に出ていくと夕方には戻れないかもしれない。その極めて限られた時間枠の中で、子孫が永遠に存続するべく、その「命」を全うしようとした。戦国時代の末期は、茶道や能楽などが洗練され、新しい息吹が吹き込まれたのも理解できる。

それに敬意を評して、有限の中に無限を表現する、あるいは無限を意識しながら有限な人生を生きる思想を、「サムライ時間」と名づけた。

彼は、自分の分身である優秀な講師たちを育てるという課題を見出した。自分の天命の想いを世界に伝えたいと、講師の育成に取り組んでいる。難しく聞こえるかもしれないが、これは空間軸上に自分を広げる「場である自分」を作り出したと言える。

日本文化には、一体となる場の大切さを表現する「一座建立《こんりゅう》」や「賓主《ひんじゅ》互換」という言葉がある。ぜひこの言葉の意味を調べて日常で体験してほしい。あなたのDNA

に連綿と受け継がれている大和心がきっと目覚めるだろう。

百年後の未来を自分の人生に含む

もし百年後の未来を自分の人生に含めるなら、あなたの志やそれを具現化した事業を百年続かせるために何が必要なのだろうか。まずは過去の統合の延長として、未来に引き継ぐ、天命というＤＮＡを明らかにする。

さらにあなたは、幾代も先の未来までをも、「自分自身の未来」として「今」に含むことが必要となってくる。それには多くの同志が必要になってくる。

それが実現されたとき、あなたの存在そのものが、自分の肉体をはるかに超えた存在としてこれまでとは別の次元に高められていく。それは、あなたに大きなエネルギーを与えることになるだろう。

人生を統合する過程で、一人ひとりに熱い想いが湧き上がってくるだろう。その想いは、泡のように消え去るものではなく、あなたの内側でいぶし銀のように光る確固としたものである。

私は、観念上の話をしているのではない。これは現実にある話だ。人生の統合を経験した人は、「私の志を残したい」「子どもに仕事を継がせたい」「この事業を未来に残したい」という切実な願いを口にするようになる。

多くの人たちが、人生を統合することで、実際に自分でも想像できなかった強い力を、未来のために、表に現すようになるのだ。

このような人は、自分の魂から発する「言霊《ことだま》」で人生を語り、天命からくる生き方を実行し、天命はＤＮＡとして未来に生き続ける。

もしあなたが、自分の人生の統合を行って、本来やるべきことを発見し、それに志して仕事に取り組めば、それは、しだいにあなたにしか創りえない独自の仕事や事業となるだろう。

その本質は天命のＤＮＡとして、あなたが育てた人たちや子どもたちの中に残り続ける。

あなたは永遠の命を持つことになる。

それが限られた「サムライ時間」を生きるあなたの人生を、鮮やかに豊かにするのではないだろうか。

ポイント

自分の人生の長さを超えて
自分の未来を広げることで
あなたは時空を超えた「場である
自分」になることを意味している。

第10番目の質問

「あなたは、自分の人生をどのように観察していますか」

離見の見を持つ

自分の先祖や生い立ちを含む「過去を肯定」し、その中に一本の「不動の柱」を打ち立てることで、「過去の統合」ができることを見てきた。その延長線上に「未来」を創作することで、あなたの仕事に独自性と一貫性が現れる。これが人生の統合だ。

この本を読み進めるだけではなく、自分の人生で実証的かつ具体的に行動してほしい。必ず、あなたの天命が、仕事や人生に息づく感覚を体験し始めるだろう。

さらに、「人生の統合」を深めるためには、あなたが自分の人生を、当事者でありながらも一歩離れて見る俯瞰《ふかん》した「眼」を持つことである。

あなたの天命を探求する第一〇の質問はこれだ。

質問10「あなたは、自分の人生をどのように観察していますか」

「離見の見」とは何か

能を舞台芸術として確立した世阿弥《ぜあみ》は、四〇歳くらいから約二〇年間に得た知恵をまとめたといわれる「花鏡《かきょう》」という本の中で、「離見の見」という言葉を使っている（注11）。これは、晩年の世阿弥が達した境地であり、私たちにとっても極めて重要な概念だ。

世阿弥は、自分が舞台で能を舞う最中に、観客の目から自分の演技を見ることができたという。

自分を「離れて見るという見方」は、「俯瞰する」という意味と似ている。だが、実は大きな違いがある。これを理解することは、私たちにとって極めて重要なので、一つの比喩を使って考えてみよう。

私たちは地球に住んでいるが、地球全体の姿を見ることはできない。一方、月の上から俯瞰すれば、この宇宙に奇跡的に存在する青い地球、それを取り巻く薄い大気の膜までも見ることができる。

その地球の輝きと大気のあまりの薄さに、私たちは環境破壊の進む地球の「危うさ」を認識するかもしれない。しかし、どんなに地球の危うさを悟っても、月の上に降り立ってしまえば、物理的に離れているので、地球環境のために何か行動することはできない。

世阿弥の言う「離見の見」では、舞台で自分はあくまで当事者でありながら、一方では、観客の視点から自分の行動を見て、必要な修正をすぐに行わねばならない。ただ分析するのではなく、当事者として実際に行動し、その場で結果に違いをつくることに主眼がある。ここが、ただの「俯瞰」と違うところだ。

統合的に人生を観察する

離見の見を持つためには、まず、自分の人生を統合的に観察することが出発点になる。次に、あなたは自分の人生の当事者でありながら、その中に不動の天命をつかみ、そこから自分の人生で必要な行動をしなければならない。

これが、私たちの離見の見である。

あなたは人生という舞台で舞っている最中に、時空を超えて自分の人生を過去からも未来からも見ることができ、しかも人生を統合的に見ることで、「今」の人生に

「過去と未来」を含むことができるのだ。

人生を統合するための三要素

私は離見の見を概念的な話にするのではなく、人生で生かす目的で話している。

離見の見から統合的に人生を見るために、三つの要素がある。その三要素の一つめは、これまで見てきたように、「動詞」で表現される。二つめの要素は、「対象」、そして、三つめに「手段」が加わる。

熱心にボランティア活動の役員をしているタクシー会社の経営者がいる。

「人生を振り返ってみると、自分は一貫して主役になるのではなく、周りの人がうまくいくように『応援する』ことをしてきたようだ。しかも、どんな人でも応援するのではなく、体が弱い人や、困った問題を抱えている『弱い立場の人たち』を見ると行動を起こさずにはいられなかった」という。この経営者は、不思議なことに、頑張っている人や健康な人には、それほど惹きつけられないのだ。

彼の人生を三つの要素で統合して表現すると、「タクシー事業を通して、弱い立場の人たちを、応援する」ということになる。このような見方が「離見の見」の第一歩であり、人生を一貫した視点から見ることになる。

「弱い立場の人たち」という言葉に着目してほしい。ここに、その人の事業の未来の独自性が見え隠れしている。人生の統合から生まれたこの使命は、意識するか否かにかかわらず、これまでもやってきたことだし、未来もやっていくことは間違いないだろう。

志し、実際に行動する

次に、自分の人生を統合的に観察し、天命を見出すだけではなく、本気で志し、実際に行動することが、「離見の見」には含まれる。

彼は実際にその方向で動き出した。車椅子が収納できるワゴンタイプの自動車の台数を増やし、運転手への応募者の中に介護に関心のある人たちが増え、会社自体もタクシーを使った介護事業に乗り出すことになった。今後は、介護の学校を経営することにまで事業は広がるかもしれない。

人生の統合の延長線上に未来があり、そこからくる仕事のエネルギーと独自性は、

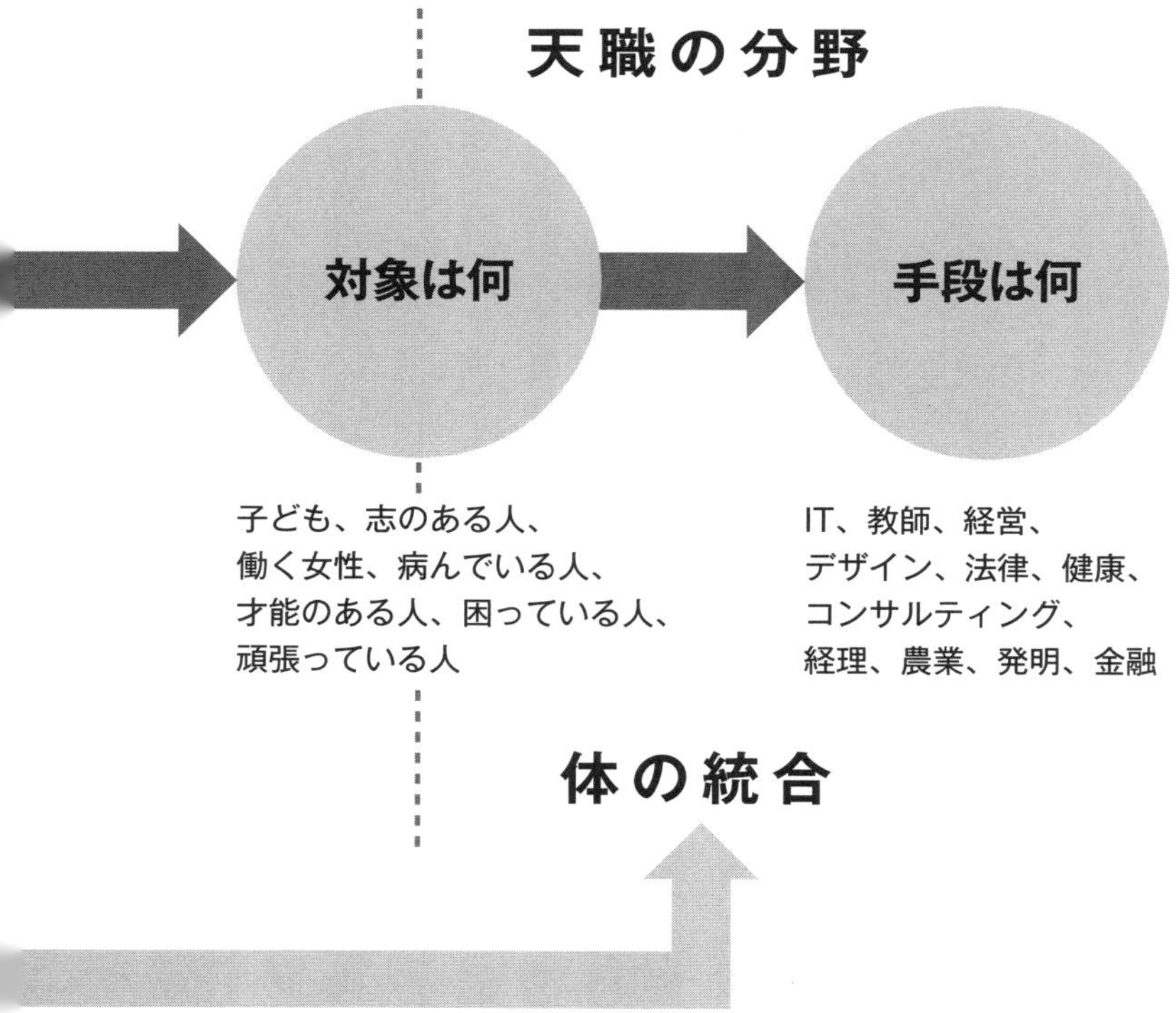
天職の分野
対象は何
手段は何
子ども、志のある人、
働く女性、病んでいる人、
才能のある人、困っている人、
頑張っている人
IT、教師、経営、
デザイン、法律、健康、
コンサルティング、
経理、農業、発明、金融
体の統合

図13　人生の統合図

天命の構造を軸に人生の統合ができる

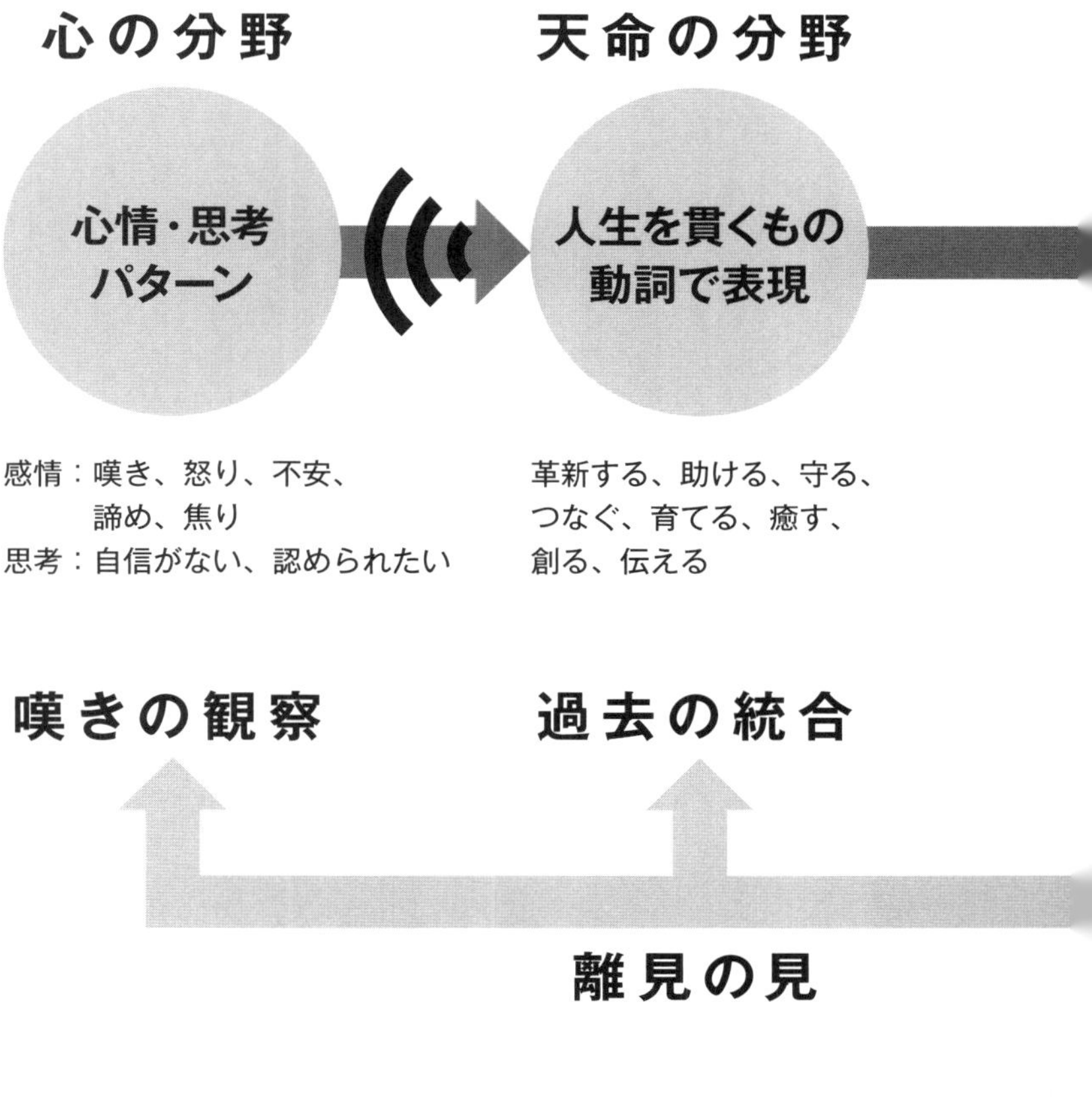

その人の人生からくる固有で不動のものだ。

図13を見てほしい（128～129ページ）。

この図は、天命を軸に人生の統合を行うための構造図だ。

まず左側から、心の分野で嘆きを見る。そこから、人生を貫く動詞を発見し、さらには、その対象を見出し、最後は手段を選定して、天職に至るというものだ。

この自分の人生を統合的に見る見方で、自分の人生だけではなく同僚や部下、家族や友人の人生をも見ることが可能だろう。

このように人の人生を見ること自体、人の未来に大きな違いをつくることになる。

この人生の統合図を、羅針盤として周りの人たちの天命や天職の相談に活用できる。

観客の目とは何か

ここまで言えば、世阿弥の言う「離見の見」と、私が言う「人生の統合から見る目」との間もまた、微妙に異なることに気づいた人もいるだろう。

世阿弥が言うのは、観客の目だ。それなら観客の目は一つではなく、複数あることにあなたは気がつくだろう。観客の目とはいったい誰を指し示しているか、漠然としている。今となっては、世阿弥は答えてくれない。

それでは、「どの目」で自分や人を見ればよいのだろうか。観客は誰なのだろうか。

世阿弥に代わって「この課題」を解いてみよう。

私たちの人生を統合することで示唆される「天命という視点」は、その目にならないだろうか。これは、「天命の目」、つまり「天の眼」ともいえる。

世阿弥の天命とは何だったのか

「天の眼」とは何か。それをつかむために、世阿弥の天命を探求してみよう。

世阿弥は、室町時代の能楽（猿楽）の旗頭であり、一座を率いて興行をしていた。「観客から支持を受ける」ことは、一座の命運を左右する最も大切なことであった。

この視点は、世阿弥の天命と密接に関係していると思える。

世阿弥は「風姿花伝《ふうしかでん》」の中で、「極め極めては、諸道ことごとく、寿福延長ならんとなり」と述べている（注12）。

つまり、「突き詰めると、芸能というものは、人びとの心を和らげて感動を与え、生きる喜びと長寿をもたらす方法である」と述べているのだ。

これは、世阿弥が一般論としてではなく、自身の能楽の存在意義を子孫に伝えていると考えられる。なぜなら「風姿花伝」は世阿弥が自分の後継者のみに、能楽の神髄を伝える目的で書いた、一子相伝の本だからである。

ここにおいて世阿弥の天命が明らかになるように思える。

それは、「能楽を通して、身分を超えてすべての人びとを和ませ、喜びと長寿をもたらす」ことだったのではないだろうか。

世阿弥は、それを志していたからこそ、「観客という視点」つまり世阿弥にとっての「天の眼」を持つことができたのではないだろうか。

私たちの天の眼

「天の眼」を、どのように生かすことができるのだろうか。私たちは、たとえ自分の天命を見出したとしても、それを志さなければ、「天の眼」で自分の行動をフィードバックし、修正するところまでには至らない。

図14は、「離見の見」が天命に志したときにのみ存在することを表している（13

図14　離見の見

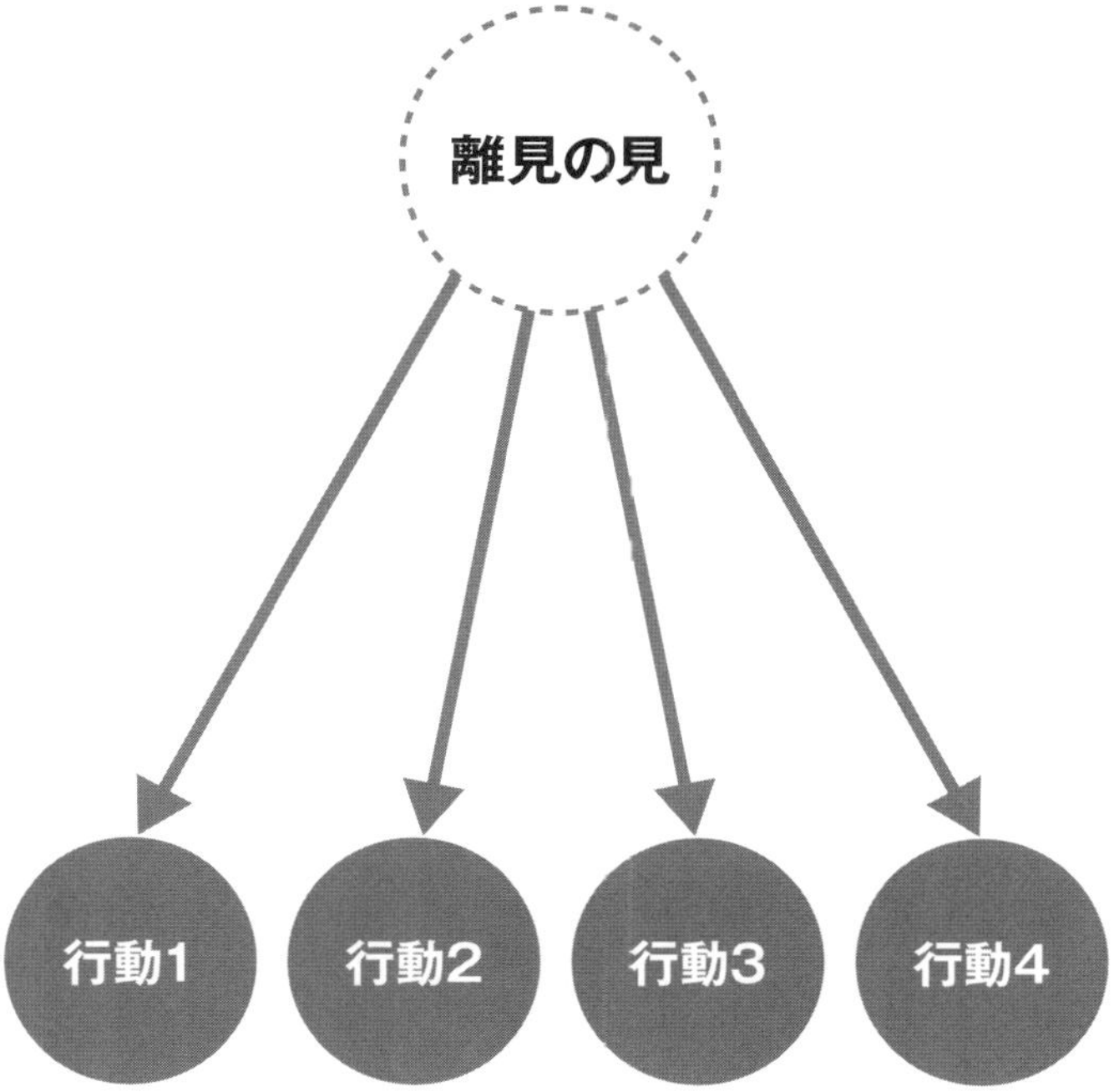

「離見の見」は志のあるときにのみ存在する。

3ページ)。

普段の私たちは、自分の価値観や心情に囚われがち、いや溺れている。自分の天命を見出し、それに「志したとき」にのみ、強い「離見の見」が持てる。だが、志を失えば「天の眼」は消え、行動を天命に沿って適切にフィードバックできなくなる。

志は、あなたの心の動揺によってしばしば振れる。「天の眼」は、あなたに志があるときだけ幻のように現れる。「危うい存在」なのだ。

私たちは、「天の眼」の存在の危うさを畏れ、常に志を新たにしなければならない。あなたが志を新たにし続けることで、それは人生の羅針盤となり、行動の源となる。

ポイント

自分の人生を地球的視野「天の眼」から観ることで初めて幸せな世界を創ることができる。

第五章

聴き方から天命をつかむ

天命は、人が繰り返す言葉の中に
指し示されている。

天命の暗号を解く第一の方法は、
嘆きの中に暗示されていた。
第二の方法は、あなたの過去と未来に関する
言葉の中に指し示されていた。
第三の方法は、人が話す言葉を
どう聴くかという聴き方に示されている。

聴こえたことだけがあなたの世界であり、
聴くことができないところに
世界の拡がりがある。

第11番目の質問

「あなたは、人の話をどのように聴いていますか」

第五章

聴き方から天命をつかむ

自分の耳を磨く

「人の心を見抜ければもっと仕事がうまくいくのに」「相手の気持ちがわかれば、もっと関係はよくなるのに」「相手は自分に何を求めているのか」など、相手の心を知りたいという欲求は際限がない。これは人間の永遠のテーマだ。

私たちは、天命への関わり方を探求する中で、自分の心の奥底にある大切なものが、いかに秘されているかを見てきた。「人の秘されたものをあなたがつかめるかどうか」で、仕事や人生の質は、大きく影響を受ける。

しかしここでは、人間の永遠のテーマである「相手の心がわかる」とは言っていないことに注目してほしい。

良い人間関係を結ぶには、その人が繰り返す言葉が指し示す本質を聴くことが大切である。それが天命だとしたらどうだろうか。

ここでは「聞く」という言葉を使わず、「聴く」を使っている。「聞く」はただ聞くことであり、「聴く」は、何らかの意志を持って聞くことを意味しているからだ。

人が話す言葉を、耳を澄まして聴くことで、人の心の奥底に潜む、その人すら知らない本質をつかまえることができる。人には言葉を超えて伝わるものがあるのだ。

では、耳を澄まして聴くとはどういうことだろうか。

第一一の天命を探求する質問は、これだ。

質問11「あなたは、人の話をどのように聴いていますか」

人の本質を捉えるには、まず、あなたが相手の話をどのように聴いているのか、また、相手がどのようにあなたの話を聴いているのか、その聴き方を知ることが大切だ。

どんな聴き方をするのかをつかむ

人には大別して四つの聴き方が存在する。それぞれの聴き方の奥に、その人の天命が潜んでいるかもしれない。「離見の見」を使って、人の四つの聴き方を見ていこう。

「プロジェクトX」というNHKの人気テレビ番組があった。これは、情熱を持ち使命感に燃えて、戦後の画期的な事業を実現させてきた、名もない日本人たちの物語だ。

この番組に感動した人は多いが、面白いことに、人びとはその番組の異なる場面で、あるいは異なる理由で感動していた。それは、次の四つの聴き方に分けられる。

1　第一の聴き方
ある人は、苦労してようやくプロジェクトを達成した瞬間に感動する

2　第二の聴き方
ある人は、プロジェクトを共同してやっている人たちのチームワークに感動する

3　第三の聴き方
ある人は、人間同士の思いやりや、やさしさに涙する

4　第四の聴き方
ある人は、そのプロジェクトでつくり出される技術とそのプロセスに魅了される

あなたの聴き方は、これら四つのうちどれに属するのだろうか。
人は同じテレビ番組を見ていても、同じことに共感したのではなく、同じ番組を異

なる聴き方で観ているのだ。つまり、同じ話を聴いているからといって、同じような聴き方、受け取り方をしていると考えることは、まったくの幻想なのだ。

この四つの聴き方をさらに詳しく見ていこう。

1 第一の聴き方——達成的傾聴

第一の聴き方は、苦労してようやくプロジェクトを達成した瞬間に感動する人だ。これは、人の話を「自分にはできるかどうか」、あるいは「やるかどうか」と聴いている聴き方だ。これを達成的傾聴と名づけよう。

この聴き方をする人は、目的や目標を達成することが価値の基準となっている。つまり人生で求めるものは「達成」であり、そのために「行動する」という視点を持つ。

たとえば、新しいプロジェクトの話を聴いたとき、それができるかどうか、あるいはやるかどうかと問われているように聴いてしまう傾向がある。

人の忠告やアドバイスも相手から攻撃されているように聞こえるのが達成的傾聴の特徴だ。相手から自らの達成が邪魔をされたかのように聴いているのだ。

図15　達成的傾聴

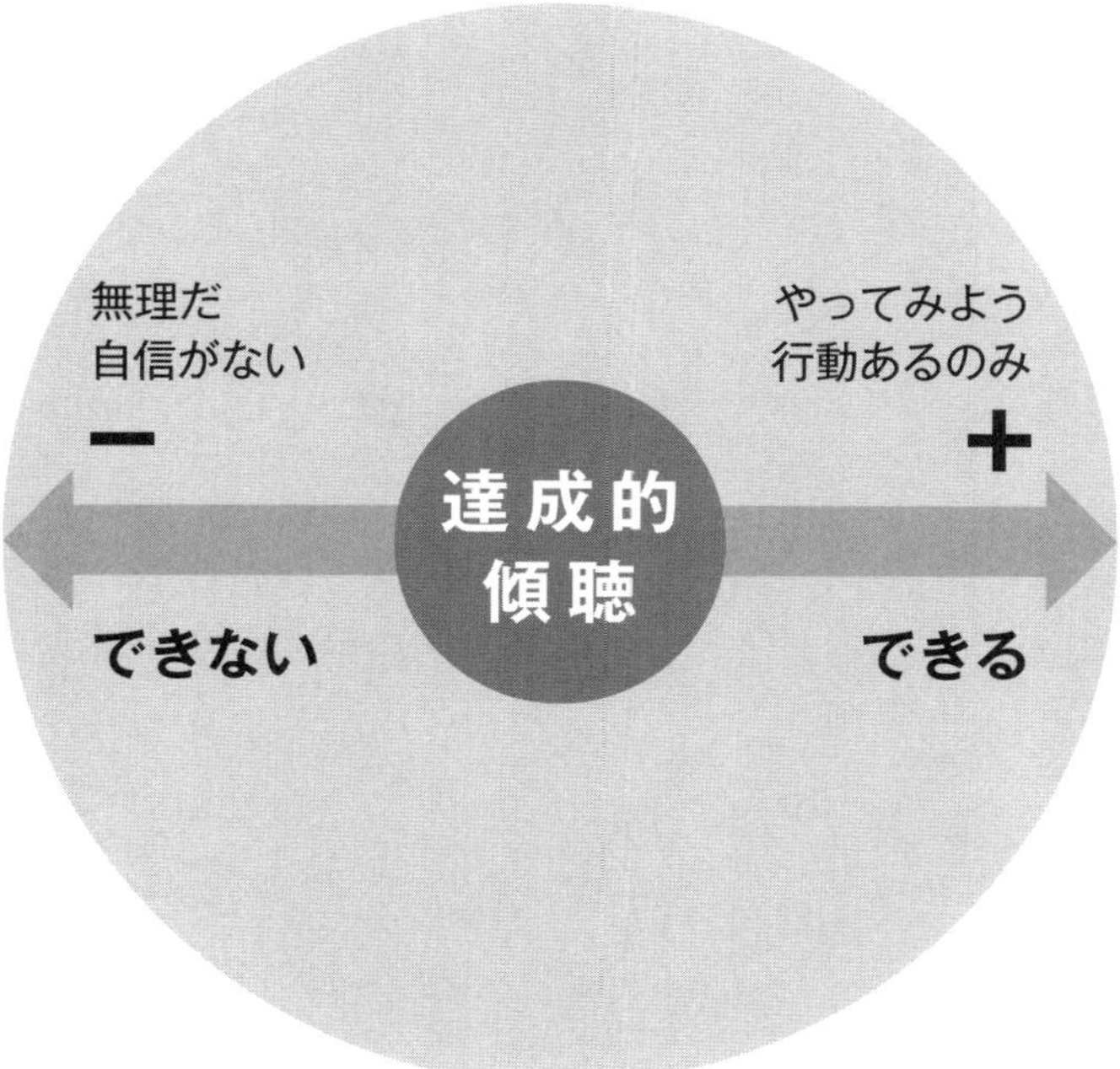

自分に「できるか」「できないか」と聴いている。

達成的傾聴の強い人は、積極的で「やればできる」、あるいは「やってみよう」と聴く。しかし、同じ達成的傾聴でも負の傾聴の強い人がいるが、その人は、「自分にはできない」「自分には無理」と聴いている。この正負両方の聴き方を含めて、達成的傾聴の領域だ。また、しばしば「人の話を聴かない」と言われる。自分の目標にしか目が向いていないので、それ以外の話に興味がないのだ。

図15を見てみよう（141ページ）。

達成的傾聴をする人は、「とにかくやってみよう」「まずやってから考えよう」「負けたくない」「情けない」「理屈ではなく行動だ」という表現が、しばしば出てくる。また、この傾聴の強い人は強引なので、「誰もついて来ないのではないか」という不安を持っていることがしばしばだ。

2 第二の聴き方―親和的傾聴

第二の聴き方は、プロジェクト共同者たちのチームワークに感動する人だ。これは親和的傾聴で、人の話を自分の仲間や部署と「関係があるかどうか」と聴いている。

この聴き方の人たちは、自分のグループの「仲間かどうか」「利益があるかどう

図16　親和的傾聴

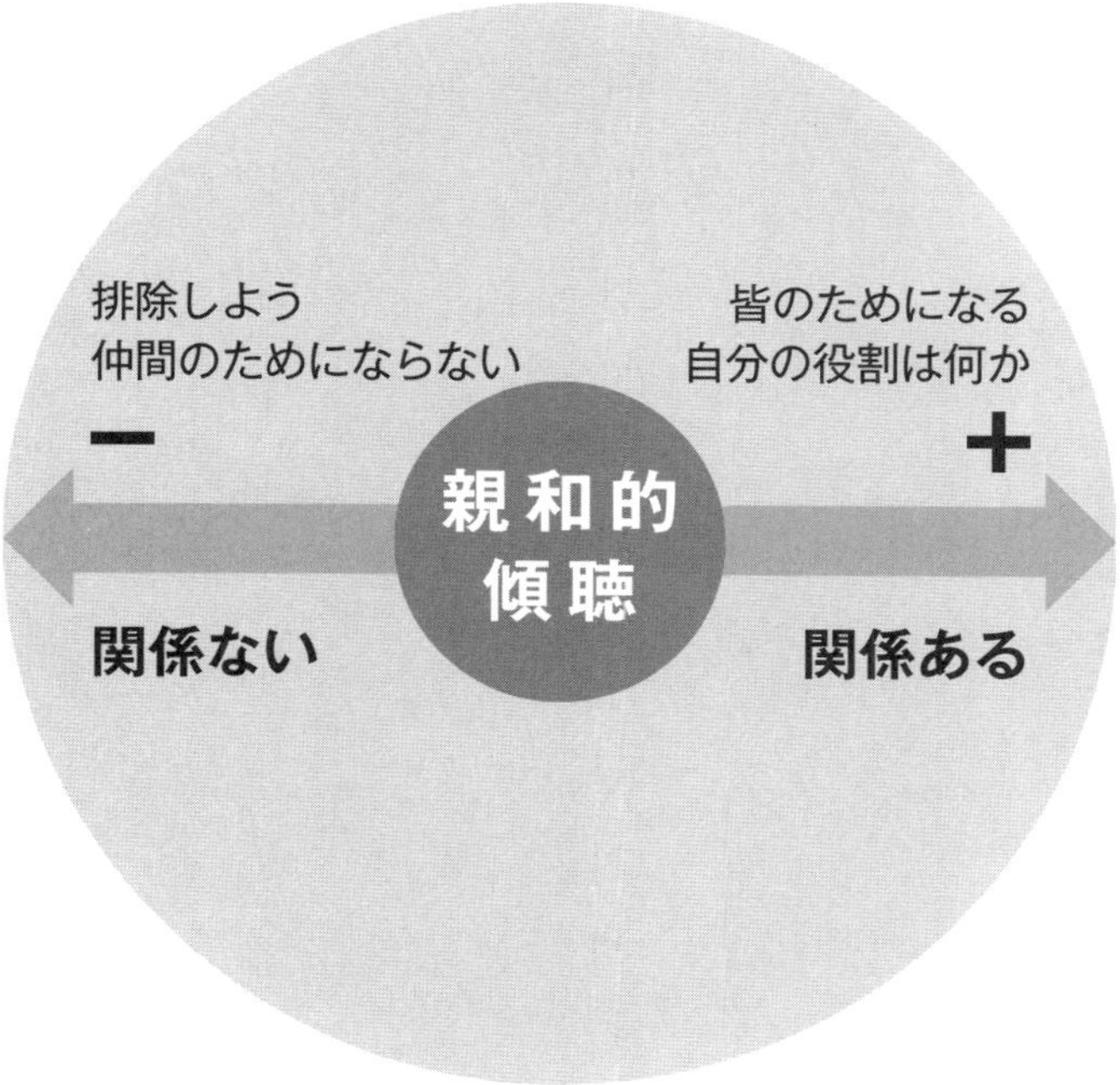

自分に「関係あるか」「関係ないか」と聴いている。

か」という観点が基準となっている。つまり、人生で求めるものは自分の所属する組織の「平和や繁栄」であり、そのために「自分の役割を果たす」という視点を持つ。つまり、関係があると思えば、次に自分は、皆のために役に立ちたいと考えるのだ。

たとえば、新プロジェクトの話を聴いたら、「自分の役割は何だろうか」、あるいは「仲間の役に立っているのか」と聴いてしまう傾向がある。この聴き方の強い人は、人の話を「自分の組織や仲間に関係がある」、あるいは、「ためになる」と聞きやすい。

同じ親和的傾聴の人でも負の関係的傾聴が強い人がいるが、この人は「仲間のためにならない」「自分は役に立っていない」と聴く傾向にある。両方の聴き方を含めて親和的傾聴の領域である。

また、自己主張は良くないと考え、人はどう考えているのか、落としどころはどこかと聴いているため、「何を考えているのかわからない」としばしば言われる。

図16は、親和的傾聴の聴き方を示している（143ページ）。

このような聴き方をする人は、「仲間のためなら」「会社のためなら」「一緒にやろう」「ルールや時間を守れ」「皆が言うから」という言葉を頻繁に使うのを観察してほしい。この傾聴の強い人は、グループへの帰属意識が強いので、「仲間はずれになるのではないか」という強い不安を持っている。

3 第三の聴き方―献身的傾聴

第三の聴き方は、人間同士の思いやりや、やさしさに涙するという聴き方だ。

この聴き方が献身的傾聴で、人の話を「自分は相手に何をしてあげられるだろうか」という観点から聴いている。

この聴き方の人たちは、話す相手が自分にとって好ましい人であることが前提となっている。

相手を好きか嫌いかまず判断して、好きな人なら「この人のために何ができるだろうか」という観点から相手の話を聴くのである。

つまり、人生で求めるものは相手との共感や思いやりに基づく「幸せ」であり、そのために相手を「理解しよう」とし、自分も「理解されたい」という視点を持つ。

たとえば、新プロジェクトの話を聴いたら、そのプロジェクトをやる人が「好ましいか」あるいは「自分は必要とされているかどうか」と聴いてしまう傾向がある。相手に自分の心情や思いやりが理解されないと「許せない」と思うのだ。

献身的傾聴の人は、人から頼まれれば「なんとかやってあげよう」と聴いている。しかし、負の献身的傾聴の強い人は、相手に「嫌われている」あるいは、「必要とされていない」と聴く。この聴き方の人間関係の基本は、あくまで一対一で、たとえ指導的立場にある人であっても組織の一員という意識は乏しいことが多い。

図17を見てみよう（１４７ページ）。

献身的傾聴をする人は、「あなたのためなら」「喜ばせたい」「してもらった」「してあげた」「人間関係が大切」「コミュニケーション」などという言葉を頻繁に使うのを、あなたは、聞いたことがあるだろう。

また、この傾聴の強い人は、「嫌われている」とか「必要とされていない」「受け入れられていない」、あるいは「無視されている」という不安を持っている。

よく「話が長い」と言われ、相手の気持ちを考え、遠回しに言うので時間がかかる。また、自分のこともわかってもらいために長々と話をしてしまう。

4　第四の聴き方—評価的傾聴

第四の聴き方は、そのプロジェクトでつくり出される技術とそのプロセスに魅了さ

図17　献身的傾聴

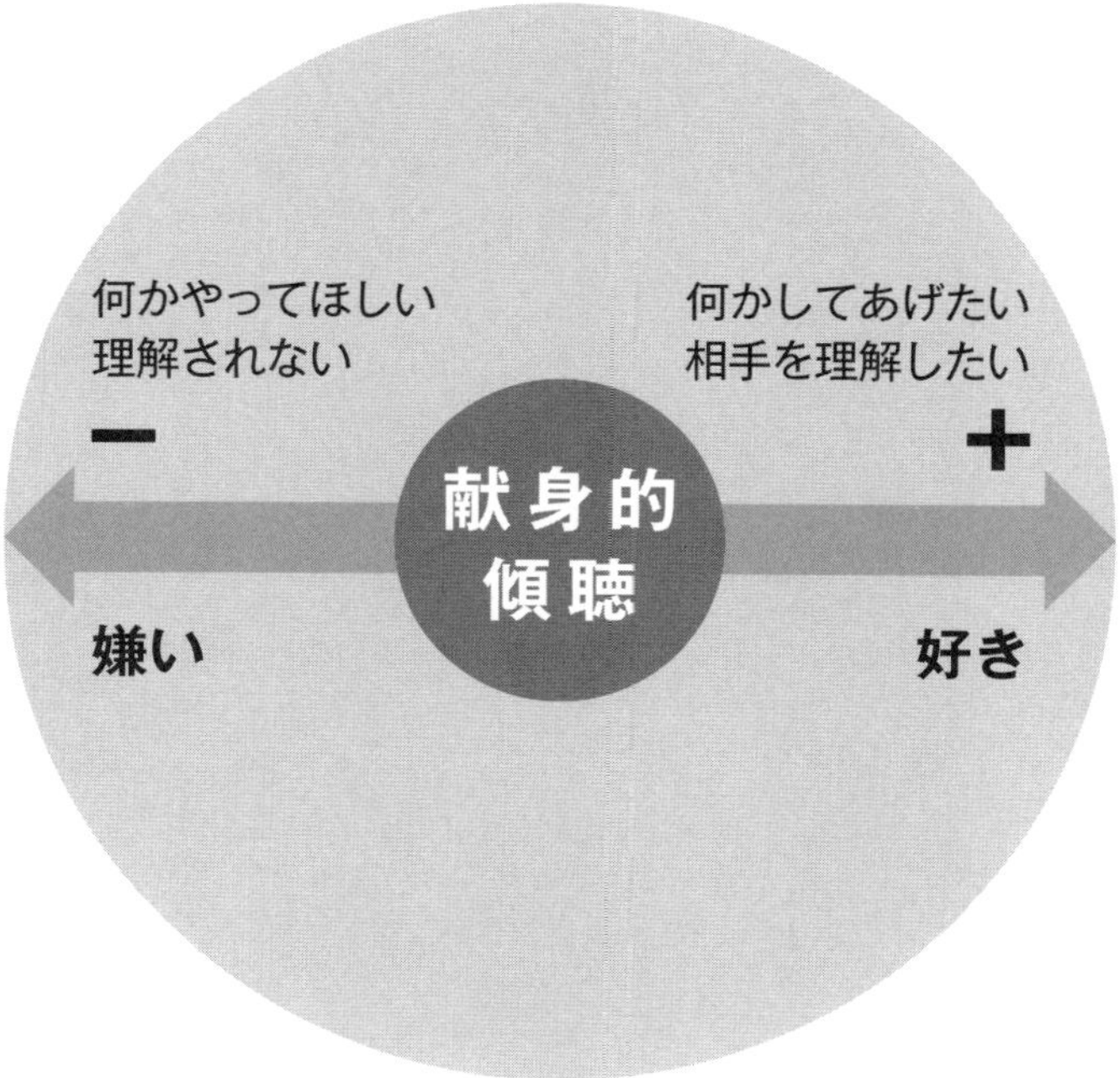

自分は「好きか」「嫌いか」と聴いている。

れる聴き方だ。この聴き方は評価的傾聴である。これは、人の話を「わかるかどうか」「美しいかどうか」「本物かどうか」などと評価しながら聴いている。

この聴き方には、真善美を峻別するという観点の基準が存在している。人生で求めるものは真理であり、そのために物事を観察、分析し工夫するという視点を持つ。

たとえば、新プロジェクトの話を聴いたら、そのプロジェクトは「うまくいくかどうか」「どのように実現するのか」あるいは「もっとうまくいく方法はないのか」と聴く傾向があるのだ。未来を予測し、できるだけムダや失敗をなくしたいと考える。

評価的傾聴の強い人は、自分なりの解決方法や代案を考えながら聴くとか、未来の結末はどうなるとシミュレーションするなど、感情を入れず合理的、分析的に考えながら人の話を聴くのだ。

したがって意見は鋭く、しばしば「冷たい」「利に聡《さと》い」と言われたりする。

また、同じ評価的傾聴でも負の評価的傾聴の強い人は、相手の話を「わからない」「面白くない」「そうじゃない」などと、批判的に聴く傾向がある。

図18は、評価的傾聴の聴き方を示したものだ（１４９ページ）。

図18　評価的傾聴

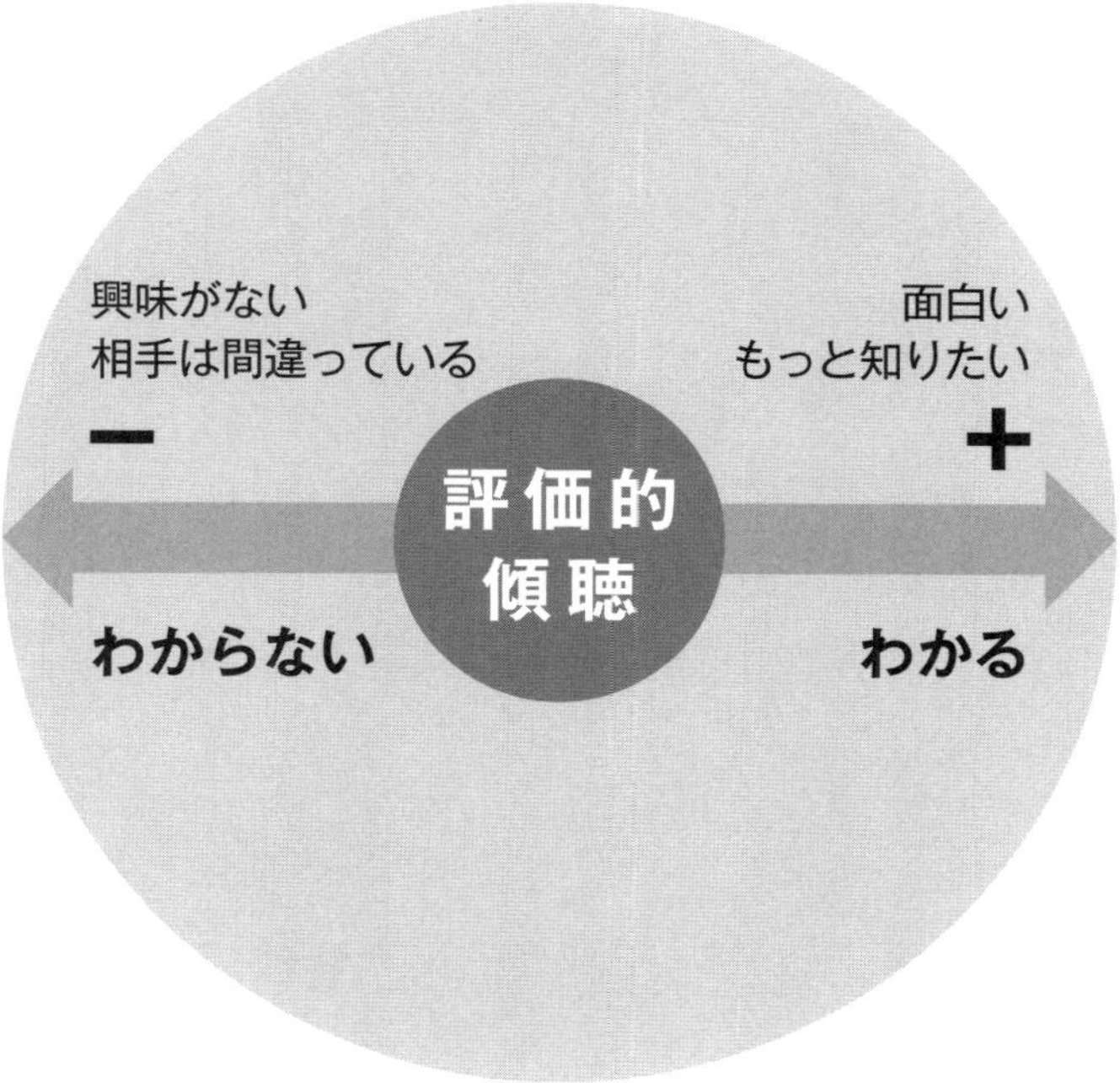

自分が「わかるか」「わからないか」と聴いている。

この聴き方の人は、「センスがない」「それは難しい」「結果はこうなる」「ムダなことはしたくない」「わからない」「失敗したくない」「他にある」といった言葉を頻繁に使う。

この聴き方が強い人は、「自分の底が知れる」「バカだと思われる」のではないかという不安を持っている。なぜなら人生で真理を求め続けるには、常に自分の能力が不十分だと思っているからだ。

相手の聴き方をつかむ

あなたは、四つの傾聴法のうち、どの傾聴が強いだろうか。

また、あなたの周りの人たちはどのような聴き方をしているだろうか。

もちろん、一人の人間は、一つの聴き方だけをしているのではなく、四つの聴き方を持っている。また、複数の組み合わせが強い人もいる。あくまで、どちらがより強いのかで大きく分けるということだ。

また、そもそも聴き方がなぜ四つあるのか疑問に思う人や、安易に四分類するなど暴論だと思う人もいるかもしれない。

しかし、この区別を使うことで、新しくあなたの世界と関わることができるはずだ。これら四つの聴き方を知り、まずあなたのベースとなる最も強い聴き方の傾向をつかむ。さらに、あなたの家族を含む周囲の人たちの基本的な聴き方をつかむ。それができれば、人間関係は大きく前進するだろう。

そればかりか、相手の天命がどの領域にあるのかまで、大まかに推理することができるようになるだろう。

もしあなたが人の天命を大まかにでも知り得たら、その人との関わりはどのようになるだろうか。

次節では、達成的傾聴、親和的傾聴、献身的傾聴、評価的傾聴の四つの基本的な聴き方を持つ人たちが、どんな世界に住み、どんな天命を持っているのか探求しよう。

これは頭だけで理解するのではなく、人生の中でつかみとるものなのだ。

ポイント

人の聴き方には、達成的傾聴、親和的傾聴、献身的傾聴、評価的傾聴の四つがある。

第12番目の質問

「あなたは、なぜ特有の聴き方をしているのですか」

第五章
聴き方から天命をつかむ

人の聴き方から天命をつかむ

あなたは仕事の現場で、また家庭で、四つの聴き方のうち、どの傾向が強いかをつかむことができただろうか。そして、あなたの周りの人たちは、あなたの話を、あるいは、お互いの話を、どのような聴き方で聴いているのだろうか。

かつて私は数人の友人たちと共に「マハトマ・ガンジー」のドキュメンタリー番組を見ていた。インド独立と世界平和のために数十回も投獄されながら、非暴力、不服従を貫いた偉人の人生だ。

私は、その番組を観ながら「お前にそのようなことができるのか」と突きつけられているように感じた。「私にはガンジーのような人生を送ることはとてもできない」と思い、その場から逃げ出したい思いに駆られた。これが達成的傾聴の典型である。

一人の友人は、「このような人にぜひ会いたい。どのようにすれば会えるのかと思った」と言うのだ。これは親和的傾聴の典型だ。

もう一人は、涙をボロボロ流しながら、「こんなすばらしい人がいるのだ。私に何かできることはあるだろうか」という想いが出てきたと言うのだ。これは、献身的傾聴である。

さらに、別の友人は「どのようにしてこのような人が生まれ育ったのだろうか」と興味を持ちながら観ていた。このような分析的な聴き方は、評価的傾聴といえる。

つまり私たちは、同じドキュメンタリー番組を、まったく異なる世界から聴いていたことになる。私は何もテレビ番組の感想の話をしたいのではない。実際の人生で、人びとはそれぞれ異なる視点から、世の中を見ていることを伝えたいのだ。

自分自身の基本的な聴き方、つまり世の中を見る視点を自覚し、あなたの周囲の人たちの基本的な聴き方とその世界をつかむことができれば、あなたはその人たちと同じ聴き方で、相手の話を聴くことが可能になる。

さらに、あなたの言葉が、相手にどのように理解されるのかを知ることができれば、そのとき、あなたの人間関係は大きく前進し、人生の質は確実に高まるだろう。

それでは、第一二の天命を人生に生かすための質問は、これだ。

質問12「あなたは、なぜ特有の聴き方をしているのですか」

四つの基本的な聴き方の人たちが、それぞれ特有の世界に住み、特有の天命の領域を持っている。それをつかんでどのように生かせるのかを、さらに探求してみよう。

その探求の前に、もう一度言うが、人はすべての聴き方を持っている。どれが、あるいはどの組み合わせが強いのかに、人それぞれ特徴があることをわかってほしい。

四つの傾聴がそれぞれ表すものとは

1　達成的傾聴の強い人（達成族）

・達成族が表す世界

ここでは達成的傾聴の強い人を、達成族と呼ぼう。

達成的傾聴の強い人は、なぜ人の話を自分に「できるかどうか」と聴くのだろうか。

それは、多くの障害や苦難を越えて達成することが、その人にとっての基本的な価値だからだ。達成的傾聴の世界では、何かを成し遂げることに価値を置き、動機づけられている。だからこそ、人の話を自分にできるかどうかと聴くことになる。

私も、この達成的傾聴の強い世界に住んでいる。ここから世の中を見る人は、まず、行動することが大切であり、「とにかくやってみよう」という思考が強くなる。このような人は、物事を前進させるために激しく行動する人生を歩むことになる。

そこで、この傾聴の強い私には、「自分はいまだ成し遂げていない」という想いが出てくる。これは、私の世界において、人生の根本的な嘆きとして存在している。

このタイプの人がしばしば発する言葉は、「絶対にやる」「思い切ってやろう」「負けたくない」「白か黒か」「情けない」「不甲斐ない」「覚悟する」「耐える」などである。これに対して、周囲の人からは、「人の話を聴かない」「単純」「無茶をする」「よく考えない」などと批判されることもしばしばあり、強引な印象を与えている。

図19を見てみよう（157ページ）。

達成族のコミュニケーションの目的は、同じベクトルに向くようにするのが特徴だ。同じ使命や目標を共有することが価値であり、「こうしたい」と目標や結論を順序立てずに告げる傾向にある。「全社員は経営者としての感覚を持て」などと言うのは典型例だ。

図19　達成的傾聴の求める人間関係

達成的傾聴の人＝達成族

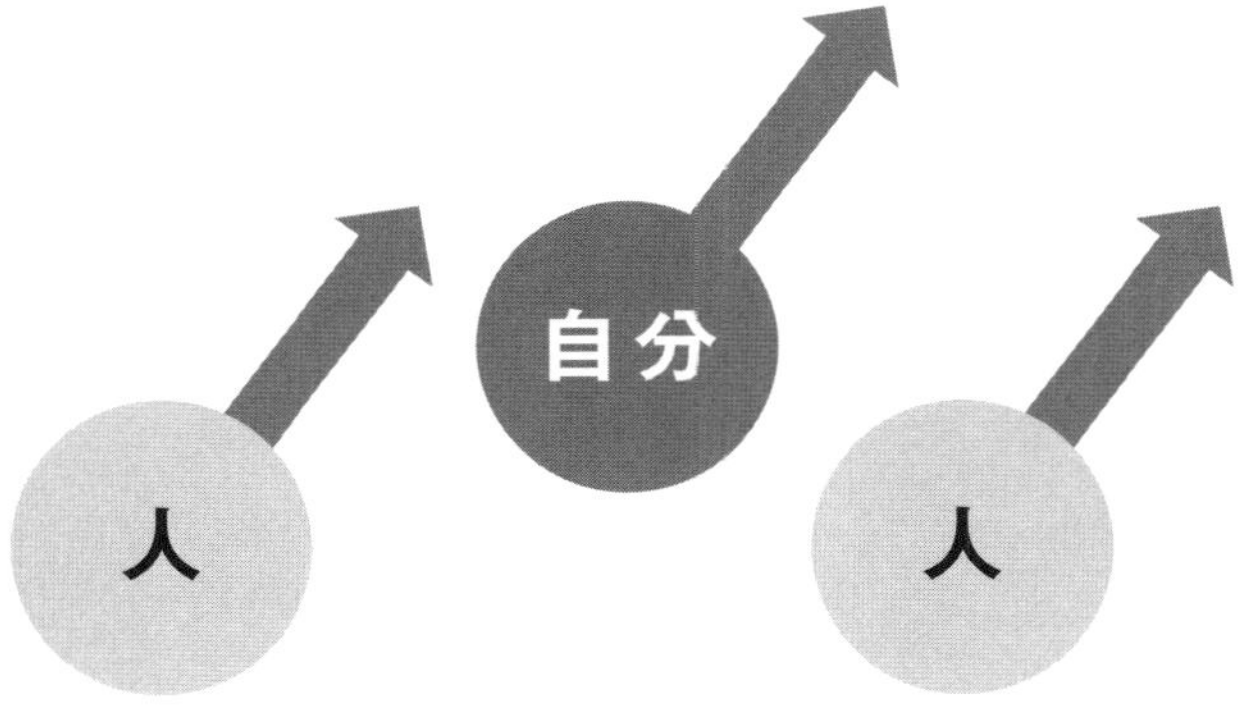

達成族が求める人間関係：ベクトルを合わせる

ログセ	「絶対にやる」「思い切ってやろう」 「負けたくない」「白か黒か」「情けない」…
周囲からの見方	「人の話を聴かない」「単純」 「無茶をする」「よく考えない」…
天命を表す動詞	「変革する」「挑戦する」「立ち上げる」 「達成する」「コツコツやる」「耐える」…

・達成族に備わる天命

達成的傾聴の強い人には、物事を切り拓き前進させる尊い役割がある。

この人たちの人生を振り返って統合してみると、その行動には一貫したものがある。達成族の天命は、「変革する」「挑戦する」「立ち上げる」「達成する」「コツコツやる」「耐える」などの「前進」に関わる動詞で表すことができる。このような天命があるからこそ、達成的傾聴が備わっているのではないか。

2　親和的傾聴の強い人（親和族）

・親和族が表す世界

親和的傾聴の人は、なぜ「自分のグループに関係あるかどうか」、また、グループ内では「自分の役割は何だろうか」と聴くのだろうか。

親和的傾聴で世界を見れば、自分のグループや仲間の役に立つかどうかが価値であり、所属する集団の和を保ち、集団のために役割を果たすいぶし銀のような人生を歩むこともうなずける。

しばしば発する言葉は、「皆が言うから」「力になりたい」「仲間のためなら」「一緒にやろう」「ルールを守れ」「時間を守れ」「役割を果たせ」などである。

この聴き方の強い人を、便宜上、「親和族」と呼ぼう。

これに対して、周囲の人からは、「自分がない」「何を考えているかわからない」「自己表現がない」「自分の意見がない」「杓子定規《しゃくしじょうぎ》だ」などと批判され、集団に合わせてばかりいて、自分がないように思われていることもしばしばだ。

親和族は、グループの和や利益が最優先であり、その役割をどう担うかが世界を見る基本になっている。したがって、常に、自分は皆のために役に立っているかという視点から自分自身をフィードバックするので、親和的傾聴が強ければ強いほど、「自分は皆の役に立てていない」という根本的な人生の嘆きが出てくる。

図20を見てみよう（161ページ）。

親和族のコミュニケーションの目的は、グループとしての役割を求めることが特徴的で、自分の人間関係を組織における役割と認識する傾向がある。自分は組織の中で「どの位置にいるのか」など、自分や相手のそれぞれの役割と位置関係を見ることに長けている。したがって、親和的傾聴の強い人にとっては、自分の属するグループをどこまで広く考えることができるかが大きな課題となるだろう。

自分の部署を仲間と考えるのか、会社全体か、さらには日本、世界へと自分の「意識」を広げていくことが大切である。

・親和族に備わる天命

このような聴き方をする人たちには、社会や集団の中に調和をつくる尊い使命が隠されている。天命は「調和をつくる」「役に立つ」「守る」「場をつくる」「つなぐ」といった「親和」に関係する動詞で表すことができる。

言い換えれば、この天命だからこそ、特定の人に対して親和的に傾聴する性質が強く備わっていると見ることができるのだ。

3　献身的傾聴の強い人（献身族）

・献身族が表す世界

献身的傾聴の強い人は、なぜ人の話を「自分は相手に何をしてあげられるだろう」と聴くのだろうか。

図20　親和的傾聴の求める人間関係

親和的傾聴の人＝親和族

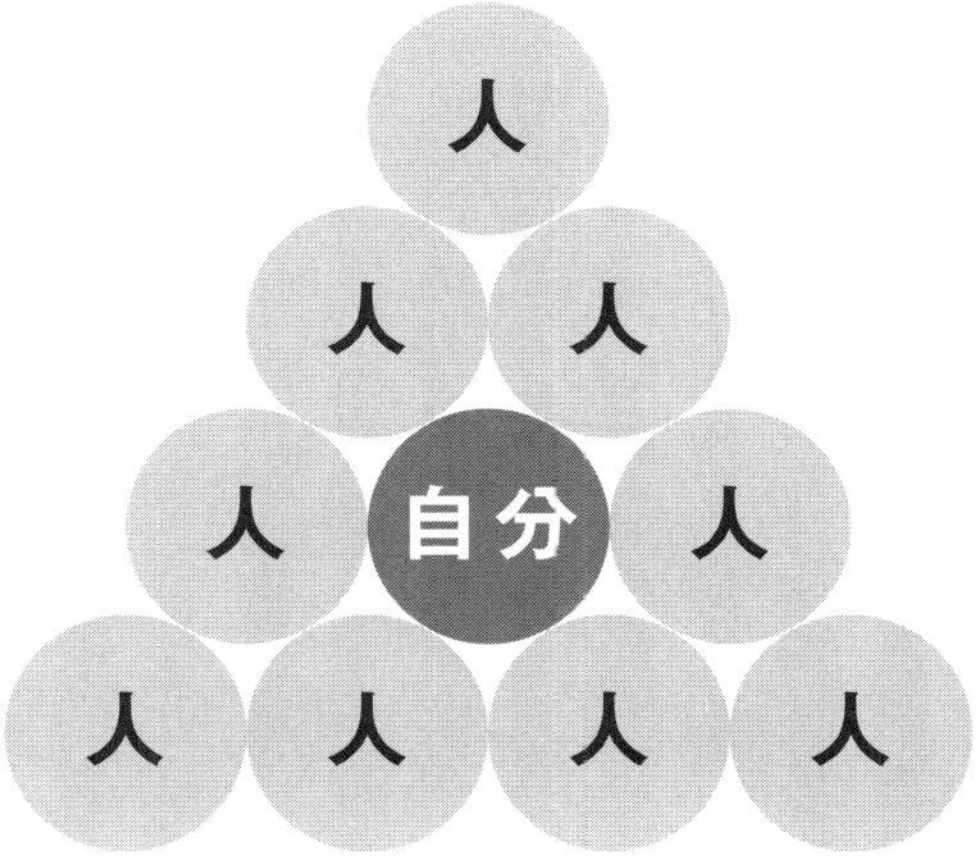

親和族が求める人間関係：グループにおける役割を果たす

ログセ　「皆が言うから」「力になりたい」
「仲間のためなら」「一緒にやろう」…

周囲からの見方　「自分がない」
「何を考えているかわからない」
「自分の意見がない」…

天命を表す動詞　「調和をつくる」「役に立つ」
「守る」「場をつくる」「つなぐ」…

献身族は「相手を幸せにしたい」「相手のために尽したい」という価値感に基づく世界に住んでいる。自分の好きな人であれば、相手のために献身的に行動する人生を歩んでいる。感情の交流も極めて大切で、相手を理解したいし、相手にもわかってもらいたいと強く思うのだ。個別の感情の交流による人間関係が何よりも大切になる。つまり、愛し愛される関係「相愛」を求めている。

このような人をここでは、愛情を込めて、「献身族」と呼ぼう。

したがって、この傾聴が強ければ強いほど「相手のことをこれほど思っているのに、わかってもらえない」という嘆きが出てくるのだ。また、感情に敏感で相手を傷つけたくないと思うあまりストレートに話せず、話が長く要点を得ないという場合もある。しばしば自分に発する内的な言葉は、「相手が幸せになるように」「自分をわかってもらえない」「私のことをどう思うの」「こんなにやっているのに」「感謝されない」というものである。

これに対して、周囲の人たちからは、「話が長い」「迷惑をかける」「暑苦しい」「感情的」と思われることがしばしばある。

図21を見てみよう（163ページ）。

図21　献身的傾聴の求める人間関係

献身的傾聴の人＝献身族

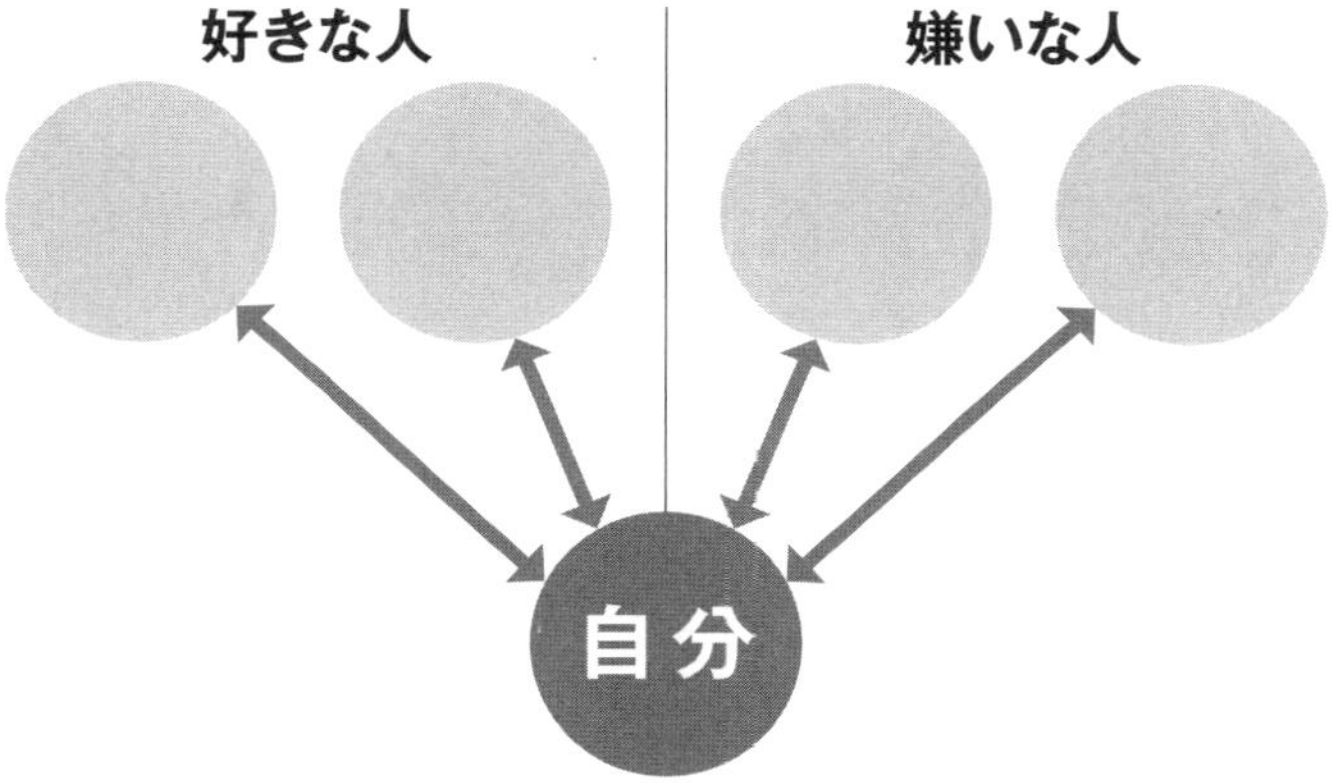

献身族が求める人間関係：1対1の関係を求める

ログセ　「相手が幸せになるように」
「自分をわかってもらえない」「思いやりが大切」…

周囲からの見方　「話が長い」「迷惑をかける」…

天命を表す動詞　「育てる」「癒す」「助ける」
「救う」「生かす」「伝える」…

献身的傾聴の強い人は、グループの中でもあくまで一対一の深い関係が基本であり、特定の人に対して貢献したいと思う。

前項で取り上げた親和族は、個人というよりグループに対して役に立ちたいと思う点において、献身族と異なっている。したがって献身族は、平然と民族や国境を越えて、人と関係をつくることができる。愛は国境を越えるのだ。

献身族のコミュニケーションの目的は、相手を理解し自分を理解してもらうことが特徴だ。特にお互いの思いやりや感情のやりとり、すなわち「感情交流」を好むのだ。同じグループの中でも、関係は一対一が基本で好きな人と嫌いな人に分かれている。

・献身族に備わる天命

このような聴き方をする人たちには、人を癒したり育てたりする愛情に溢れた尊い使命が秘されている。天命は、「育てる」「癒す」「助ける」「生かす」「救う」「伝える」といった「愛情」に根ざした動詞で表すことができる。

この対象となるのは複数の人たちではあっても、基本はやはり一対一の関係の集合なのだ。したがって、一人ひとりに対する関係は深いものとなる。

献身的傾聴が現れる源泉は、まさに、これらの動詞が指し示す「愛」の天命が大きく関係しているかもしれない。

4 評価的傾聴の強い人（評価族）

・評価族が表す世界

評価的傾聴の強い人は、なぜ人の話を「わかるかどうか」と聴くのだろうか。

その人は話の内容が「わかるかどうか」「面白いかどうか」「本物かどうか」を、自分なりの合理的な基準で評価しながら世界を見ているのだ。そして、自分の生き方、自分なりのこだわりを貫くマイペースな人生を歩んでいる。このような人を、正確性は欠けるが大枠の理解を促すために、「評価族」と呼びたい。

評価族は自分なりの基準に物事が達しているかどうかで、基本的には評価する。評価族は、常に自分の能力をフィードバックするので、評価的傾聴が強ければ強いほど、「自分には能力が足りない」という人生の根本的な嘆きになる。

しばしば発する言葉は、「面白い」「ムダなことはしたくない」「失敗したくない」「先が見えない」「わからない」「面倒くさい」といったものである。

周囲の人たちには、「冷たい」「考えてばかりで行動しない」「理屈ばかり」などと思われる傾向にある。

図22を見てみよう（167ページ）。

評価族のコミュニケーションの目的は、興味の探求のための情報交換が主であり、人間関係は情報交流のために存在するかのようだ。感情の交流は極めて希薄であることを特徴としている。

さらに、評価族は最終的には、意識するしないにかかわらず、「真理」への道を求めているように思える。

・評価族に備わる天命

評価的傾聴の強い人は、物事の真理を探求する尊い役割が秘されている。

このような人たちの人生を統合したときに現れる天命は、「工夫する」「つくる」「探求する」「楽しませる」「評価する」「解決する」などの「知性」に関する動詞で表せるだろう。

図22　評価的傾聴の求める人間関係

評価的傾聴の人＝評価族

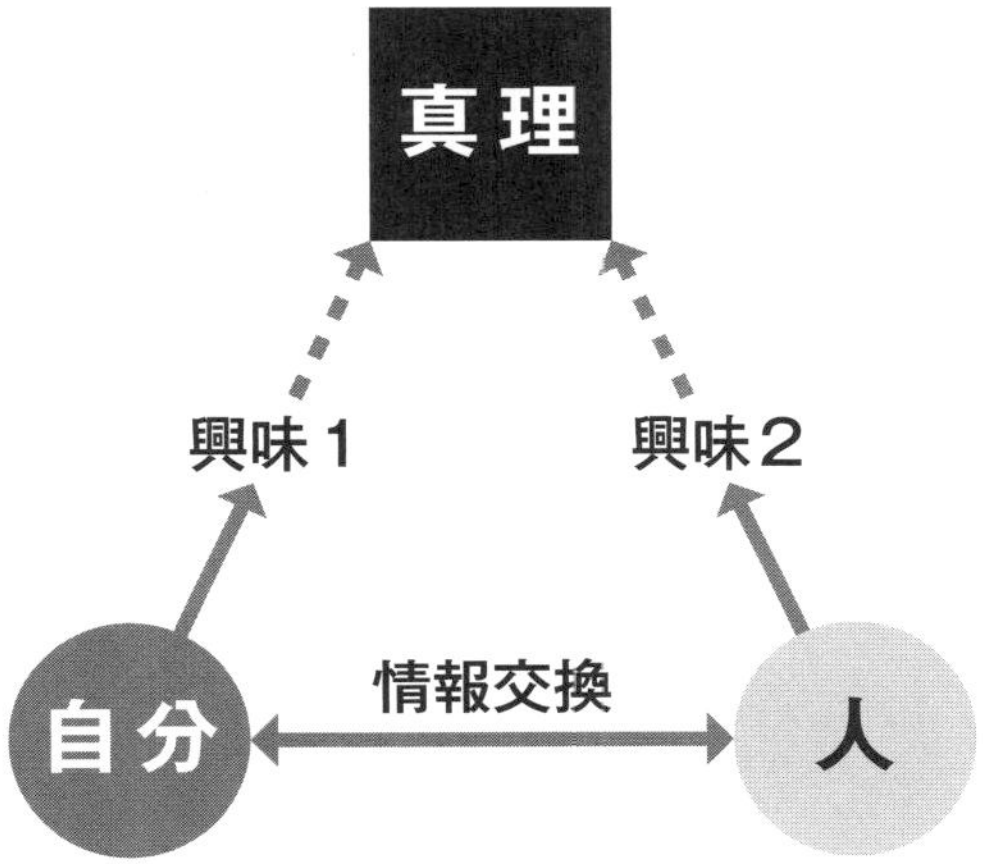

評価族が求める人間関係：真理を求める

ログセ　「面白い」「ムダなことはしたくない」「失敗したくない」…

周囲からの見方　「冷たい」「考えてばかりで行動しない」…

天命を表す動詞　「工夫する」「つくる」「探求する」「楽しませる」「評価する」「解決する」など

天命が聴き方をつくる

「なぜ人は特定の聴き方をしているのか」という答えがしだいに明らかになってきた。図23は異なる天命によって、違う聴き方で世の中を見ていることを表している（169ページ）。

人にはそれぞれの天命があり、それを実行するように、特定の世界観で世の中を見るように動かされているのではないか。もし天命の種類によって、特定の聴き方が備わるとするならば、それはとても興味深く、深遠なことだと思わざるを得ない。

あなたが人生の経営者として、まず周囲の人たちの持つ特有の聴き方を知る必要がある。そこから人の天命の大まかな領域を推察できるようになるのだ。

あなたが一人ひとりの天命をつかみ、周りの人たちを「そのような天命を持った人」という視座から実際に接することにより、あなたの人間関係がより深く満足あるものとなることを確信している。

ポイント

自分の天命を実現していくために特有の聴き方をする。

図23　異なる天命に導かれた聴き方

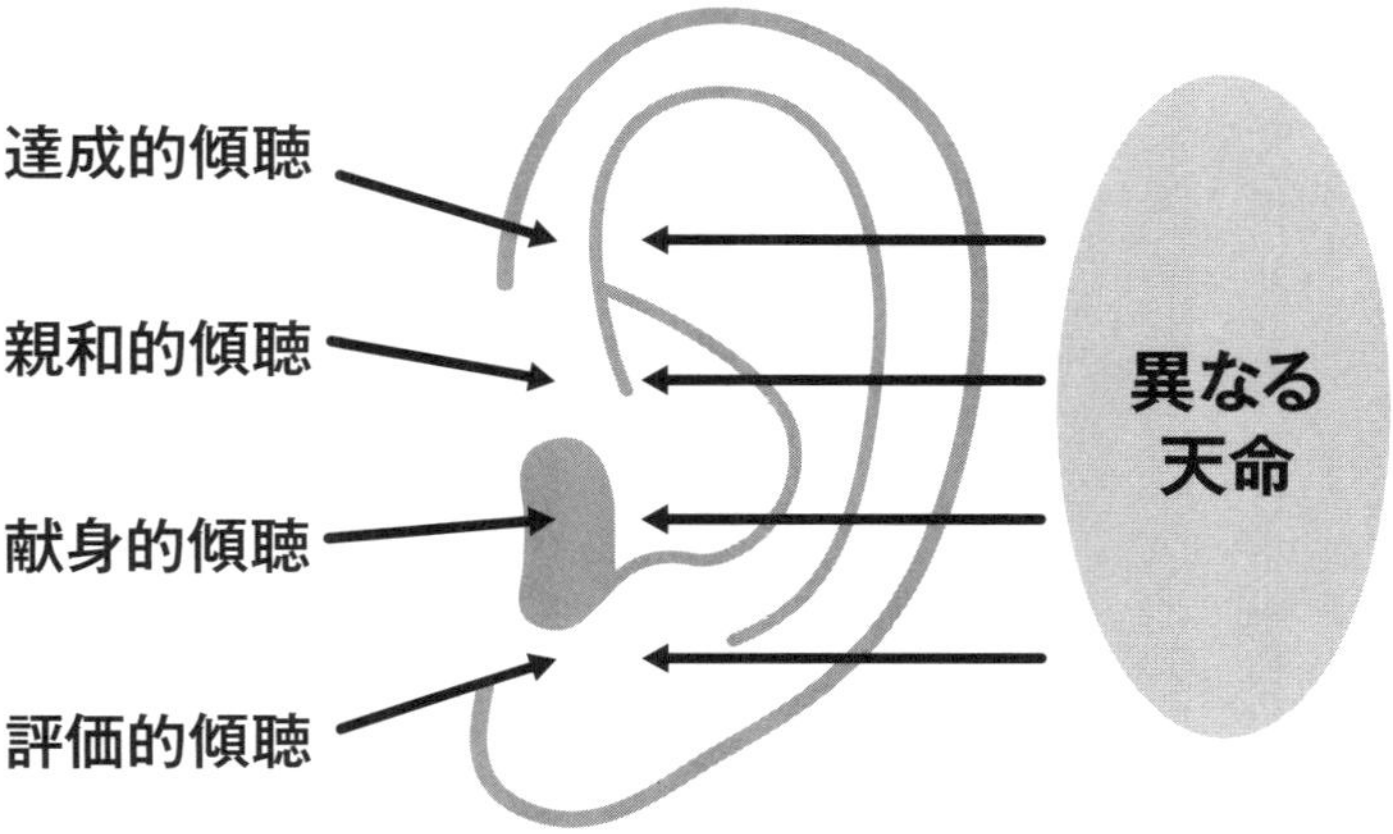

人は異なる天命によって、
それぞれ異なった聴き方で、
世の中を見て感じている。

第13番目の質問

「あなたは、いつもどのように人を見ていますか」

なぜ人の良さがわからないのか

聴き方から、その人の天命をつかみ、志を持つ人として関わると言っても、すでに私たちは、批判や評価の海の中で暮らしている。小さいころから点数で評価され、優劣の考え方が身に染みてしまう社会構造になっている。あなたも例外ではない。

私たちは、実際の仕事や家庭の場で、常に人を評価している。自分の物差しに合えばよい人だと思うし、合わなければダメな人間だとレッテルを貼る。それは、仕事の数字的評価だけではなく、人のものの考え方や性格にも及んでいる。これには、多かれ少なかれ、あなたにも心当たりがあるだろう。

同じように、相手もそれぞれ異なる価値観から、あなたを見ている。そのような視点から全員が行動したら、会社や組織、家庭はうまくいくはずがない。

そこで、あなたは「相手を受け入れる」ことは、極めて重要なことだと認識し、そうできるように努めてきたに違いない。

しかし、「受け入れる」とは、一般に言われているように、人の長所と短所を、あるがままに認め、受け入れることなのだろうか。また、人や自分の欠点を欠点として認め、長所を伸ばすことが私たちの歩むべき道なのだろうか。

果たして、長所や短所が実際にあるのだろうか、その本質は何だろうか。「突拍子もないことを言う」とあなたは当惑するかもしれない。だが、天命を仕事や人生に生かすという視点からは、人の足りないところ、自分の足りないところと思っていることも、実は短所ではないかもしれない。

人の長所や短所をどう考えればいいか

長所も短所も、自分の聴き方、世界の見方によって決定づけられているとしたらどうだろうか。よく観察してみると、特定の傾向を持った人を批判していないだろうか。私たちは、四つの傾聴とそれらが織りなす世界を見てきた。率直に言おう。その批判の傾向は、あなたの聴き方に起因している。それは、あなたの聴き方と相手の聴き方の種類の組み合わせで、驚くほど決定されている。

第一三の天命を生かすための質問は、これだ。

質問13「あなたは、いつもどのように人を見ていますか」

もしあなたが、周りの人たちの持つ聴き方、すなわち世の中の見方を知り、そこから相手がどのような世界に住んでいるのかをつかむことができるなら、人間関係に関する革命的な知見を得ることができるだろう。

お互いに相手をどのように見ているか

図24は、四種の傾聴の強い人たちが、お互いをどのように見ているかを示したものだ（175ページ）。これに従って、読み進めていただきたい。

もしかしたらあなたは、すぐに読みたくなくなるかもしれない。

だが、この図は、あなたにとって人間関係を阻害し、物事を成功させない驚くべき「構造」をわかりやすく一表にまとめたものであり、私があなたと取り組む最も価値のあることの一つだと確信している。

1　達成族は人をどう見ているか

私も達成的傾聴の強い世界に住んでいることは、すでにお話しした。とにかく達成に向けて行動することが大切であり、「やってみないとわからない」という言葉が頻繁に出てくる。成功するためには、行動こそが大切だという視点から世界を見ている。

・達成族は評価族をどう見るか

達成的傾聴の強い人は、物事を分析し、あれこれ考えている人を見て、「なぜ理屈ばかりで行動しないのか」と批判する。これは達成族が評価族に下す評価だ。

しかし、物事をよく考え判断するのは評価族の特徴で、最も秀でたところである。つまり、達成族は、評価族の特性を欠点として認識することになる。

これでは、「達成族は目標達成のために評価族の智恵を生かせない」と、あなたは思わないだろうか。大きな損失をしているかもしれない。

この文章を読んで、「何をくだらない理屈を言っているのだ。もう読むのは止めて、仕事をしよう」という反応が出てきたら、あなたはもう立派な達成族だ。

図24　どのように人を批判するのか

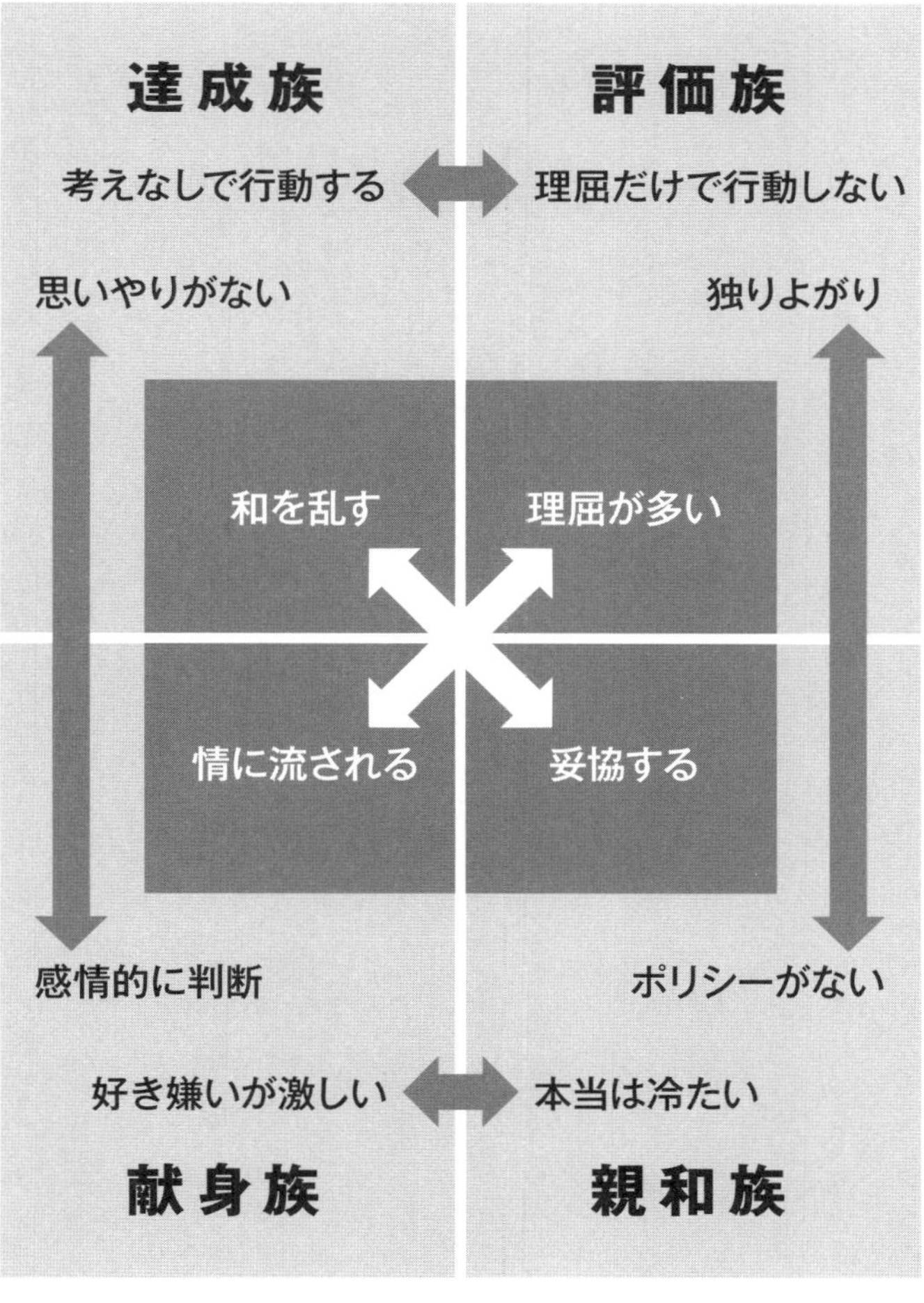

・達成族は献身族をどう見るか

献身的傾聴の強い人（献身族）に対しては、「感情で物事を判断するな」「おせっかいをやくな」と批判的に見てしまう。

しかし、達成族にとっては、自分をよく理解し、尽くしてくれる存在が献身族である。また、献身族にとっては、達成族は目的が明確にあるので、何かをしてあげたい対象でもあり、その行動力ゆえに頼れる存在でもあるのだ。

したがって、献身族とは、お互いに気が合う同士であることも多く、達成族の周りにしばしば存在することになる。

私の家内は、典型的な献身族だ。いつも「何か人にしてあげることはないか」「その人に尽くしたい」という視点から世界を見ている。

私は、朝いつも仕事に行く前に、その日に着るスーツ、シャツ、ネクタイを自分で揃えていた。家内はそれを見て、「こんなに趣味が悪いのを着ていくなんて、信じられないわ」と言うのだ。

こう言われるたびに、私は、自分がやろうとしていることを邪魔されたと、達成族特有の聴き方をしてしまう。「俺が好きなのだから、これでいい。自分のことは自分で決める」と、毎朝のように喧嘩をしていた。

私が、家内は献身族だと気づいたとき、奇跡は起こった。「趣味が悪い！」と言われたときにぐっと我慢して、「じゃあ、どの取り合わせにしたらいい？」と尋ねた。すると、家内は自分で一生懸命、揃え始めた。なんと私の着る服のコーディネートをしたかったのだ。

今では私が何も言わないのに、シャツやネクタイまで買ってきてくれる。

相手の聴き方を捉えるのは、これほどまでに重要なのだ。

・達成族に最も重要な人とは

達成族の人は、ともすれば単独で決断し、周りがついて来ないことがしばしばある。このような人にとって、周りの調和をはかり、物事を段取りよく進めてくれる役割を担うのが、親和的傾聴の強い人（親和族）である。

達成族は、親和的傾聴能力を高めるだけでなく、特に親和族を身近に置くことが大切だ。しかし、達成的傾聴の強い人は、親和族に対して、「人に合わせてばかりいる」「妥協する」「自分の意見を持っていない」と批判する。

四つの傾聴のうちで、達成族が自分の中に鍛えることが最も難しいのが親和的傾聴であり、また、実際、達成族と馬が合わないのも、この親和的傾聴の強い人なのだ。

達成族の人は、自分の周りで親和族を外していないかを見てほしい。さらには、親和的傾聴能力を身につけるべく、耳を磨いてほしい。これは、達成族には意識しないと難しいことだ。多くの人たちは、このことに気づきさえせず、人生を過ごしている。

2　親和族は人をどう見ているか

親和族には、グループの調和や利益が最優先であり、それをいかに実現するかが世界を見る基本だ。したがって、常に、「皆のために役に立っているか」という視点から自分や人をフィードバックすることになる。

・親和族は献身族をどう見るか

したがって、親和族の人は、グループの関係よりも個人的な関係を重視する献身族に対しては、「好き嫌いが激しい」「皆に迷惑をかける」「ルールや時間を守らない」「場の雰囲気が読めない」「えこひいきする」などと、批判することになる。

しかし、個人のために情熱を注ぐのは献身族の特徴で、最も秀でたところなのだ。つまり、親和族は、献身族の特徴を欠点として見ていることになる。

これでは親和族は、献身族の情熱的なパワーを生かせないではないか。果たして、このような組織は、活力を出せるのだろうか。

・親和族は評価族をどう見るか

自分なりの美意識にこだわる評価族に対しては、「独りよがり」「チームワークを考えない」「言うだけで何もしない」という批判をする傾向にある。

ただ、親和族は場の空気に流されない評価族の意見を尊重し、取り入れることができる。評価族は、親和族にとって知恵を貸してくれる存在でもある。だから、親和族にとっては、評価族とは比較的関係を築きやすいことも事実である。

この文章を読みながら、「なるほど、なるほど。そういう考え方もあるのか」という反応が出てきたら、あなたは、親和的傾聴の強い人なのかもしれない。

・親和族に最も必要な人とは

親和族は調和を重んじるあまり、決断ができず妥協を重ね、組織が保守的になりがちである。親和族にとって、物事を前に進める達成族は、なくてはならない存在だ。だが、親和族は達成族に対して、「和を乱す」「波風を立てる」「勝手に決める」と心の中で批判する。ただ物事を前進させるために行動するのは達成族の特徴で、最も秀でたところなのだ。つまり、親和族は達成族の特徴を欠点として見ることになる。

もしあなたが親和族なら、あなたの周りの人たちが評価族と親和族に偏っていないかを調べてほしい。親和的傾聴の強い人にとっては、グループを牽引する達成族が特に必要である。

さらには、自身の達成的傾聴能力を磨くことで、物事を多くの人たちと協力しながら前に進めていく頼もしいリーダーとなることができるだろう。

3　献身族は人をどう見ているか

献身的傾聴の強い人は、「相手に自分の気持ちをわかってもらいたいし、自分もわかってあげたい。それが幸せだ」という世界に住み、「好きな人かどうか」「相手に何をしてあげられるだろうか」という視点から世の中を見ている。

したがって、献身族は、グループの中であっても、あくまで一対一の深い関係が基本であり、特定の人に対して、より貢献したいと思うのだ。

・献身族は親和族をどう見るか

献身的傾聴の強い人は、親和族にグループの中の一員として接されると、その人との関係が薄く感じられ、「日和見的」「本当は冷たい」「風見鶏」と親和族を評価してしまう。

しかし、グループの人たちを公平に扱い、グループの総意を大切にするのは親和族の特徴であり、最も目立つ特徴なのだ。これは献身族が親和族の特性を欠点として評価していることを意味している。

これは、世界の見方が違うことによる悲劇であり喜劇だといえる。

あなたが親和族の組織力や自制力を使えないなら、組織やグループにとって大きな損失ではないだろうか。

・献身族は達成族をどう見るか

達成族に対しては、「話を聴いてくれない」「結果しか頭にない」など、思いやりが足りないと批判をすることになる。

ただ、献身族は、達成族とは比較的関係を築きやすく、結びつきやすい。なぜなら、先に述べたように、献身族にとっては、達成族は、守ってくれる存在と感じられる。しかも目標が明確でわかりやすく、何かをしてあげられる対象になりやすい。

・献身族に最も必要な人とは

献身的傾聴の強い人は、すばらしい人だと思ってしまうと相手を盲信し、仕事を進めてしまうことがしばしばある。

このような人にとって、物事を冷静に分析して、成否を判断し、段取りを緻密にする評価族は特に大切な存在だ。

ところが献身族は、理屈や分析を持ち出す評価族に対しては、「情が薄い」「理屈っぽい」「情熱がない」と映り、情のない冷たい人間に感じてしまう。

しかし、物事を分析し結果を予測し、何事も合理的に処理しようとするのは評価族の特徴であり、最も優れたところである。献身族は、評価族の特性を欠点として批判しているのだ。

この文章を読みながら、「これは受け入れ難い。実際には理屈では通らないことも、人間関係にはあるのだ」という反応が出てきたり、自分のことを批判されていると傷つくような感覚が出てきたりしたら、あなたは、献身的傾聴の強い人なのだ。

献身族の人は、自分の周囲の人たちが献身族や達成族に偏っていないかを調べてほしい。献身族にとっては、冷静に物事を判断し、自分の愛情を論理的、知的に表わしてくれる評価族が特に必要である。評価族は、自分の愛情の効果的な表現を大きくサポートしてくれる存在となるだろう。

さらには、あなたは、自分自身の評価的傾聴力を磨いていくことで、愛情と緻密さを持ち、人を育てることで仕事や事業を発展させる育成型のリーダーとなるだろう。

4　評価族は人をどう見ているのか

評価族は、自分なりの美意識や損得から世の中を見ている。そして興味を追求するマイペースな人生を歩んでいる。

だから美意識や損得が評価の物差しとなっている。それが計算高く見え、批判の対象にもなる。

この文章を読んでいて、「他の考え方もある」とか、「なかなか面白い」という反応が出てきたら、あなたは、評価的傾聴の強い人である。

・評価族は達成族をどう見るか

評価族は、達成族に対して、「人の話を聴かず、考えなしで行動する人」と評価する。「成功することしか考えていない」とか「ムダが多い」という思いが出てくる。

しかし、一つのことに集中し、それを達成するための行動力は、達成族の強い特徴であるが、評価的傾聴の強い人は、それを欠点と見てしまう傾向がある。

この達成族の特徴である強い行動力をあなたの知力で使いこなさなければ、これこそ、評価族にとって大きなムダではないだろうか。

・評価族は親和族をどう見るか

評価的傾聴の強い人は、親和族に対して「優柔不断」「日和見的」「没個性」「一人では何も決められない」と批判することになる。

しかし、一方、親和族は、評価族の話をよく聴き、その基準にも合わせ一定の距離感を持って役割を果たしてくれる存在である。したがって評価族は、親和族とほどよい関係を築くことができる。

・評価族に最も必要な人とは

評価的傾聴の強い人は、ともすれば人を現状の実力で短期的に評価しがちであり、じっくり人を育てるという重要な部分が欠落してしまうことがある。このような人にとって、献身族の人に対する思いの強さや愛情は欠かせないものである。

ところが、評価的傾聴の強い人は、献身族に対して「情に流されてばかりで解決が見えない」「おせっかいで話が長く、よくわからない」という評価を下してしまう。だが、評価的傾聴の強い人が自分の中で、意識して鍛えるべき重要な傾聴力は献身的傾聴であるばかりでなく、あなたの傍に置くべき大切な人なのだ。

しかし、四つの傾聴のうちで、評価族にとって最も鍛えることが難しく、また、馬が合わないのも、この献身的傾聴を強く持つ人なのだ。

献身族の特徴である人間関係中心主義は、暑苦しく、あまりにも合理性に欠けるように思える。もし評価族が、献身的傾聴をも併せ持つようになるなら、人をすぐさま評価するのではなく、長期的な視点から、その人の成長を待つことや、育てることさえできるようになるだろう。

評価族の人は、自分の周囲の人たちが評価族や親和族に偏っていないかを調べてほしい。献身族の人への愛情や人を育てる情熱が、あなたには特に必要だからである。

さらに、自分の献身的傾聴力を磨き、あなたの知恵を形に表し人を育てることで、多くの有為の人材を育て、仕事や事業を発展させる育成型のリーダーとなるだろう。

心の垣根は取り払うことができる

この項をここまで読み通した人は、かなりの理解力と忍耐があると思う。人生に違いをつくり人間に関する洞察を得るうえで大切な話なので、ぜひ何度も読んでほしい。

人にはそれぞれの天命があり、それを実行するように、特定の世界観で世の中を見るように動かされている。一人ひとりの果たす役割が違うために、お互いの特徴が欠点として映り、お互いを否定することになる。転職や退職の一番の理由は、収入のことでもなく、仕事の内容でもなく、人間関係がうまくいかないことなのだ。

この相互批判の構造をこのまま放置すれば、人間関係は冷え、一人ひとりの満足がないことは明らかだ。この構造は、社会の悲劇だと私は、本気で思っている。そして、大規模な紛争の源も、相互の世界が理解できないことに一因があるのは間違いない。

私たちがお互いの持つ特有の聴き方を知り、そこから相手がどのような世界に住んでいるかをつかめたら、相手があなたの話をどのように聴き、どのように批判するかの傾向をつかむことができるはずだ。これが、私たちの持つべき「離見の見」である。

人の短所に見える特徴は「個の花」

あなたは、日常生活や仕事の現場の実際の関わりから、相手に感じる欠点そのものが、人の天命につながる特徴であることを、必ずつかむことができる。それは、人の短所とか長所をはるかに超えた、天命からくる「個の花」とも言うべき存在である。

何度も言うが、これは机上の空論でもなければ、ノウハウでもない。すべての人にはそれぞれの天命があるという視座に立ったときに、初めて私たちの前に現れる贈り物だと私は思う。実際にこれを試している多くの人たちは、もうその感覚をつかみ、人間関係の楽しさ、深さを感じて豊かな人生を生きることが始まっている。

あなたが、仕事の関係者や家族、友人と会ったとき、「相手の欠点だ」「それはおかしい」と思うその瞬間を捉えてほしい。それは、あなたがこれまでの人間関係を劇的に変える機会になるからだ。

私は、評価的傾聴の強い人に仕事を依頼すると、しばしば遭遇することがある。その人は、首を横に傾けて顔をしかめ、「難しい」と言うのだ。そのとき、私はムッとするのだ。私は自分がそう思う瞬間を捉え、「難しいと言うな。まずやってみろ」と言う代わりに、「どうしたらできると思う」と尋ねる。

すると、驚くことに「こうすればよい」という解決策を持っていた。答えがなければ、「どうしたらよいか考えてくれないか」と依頼すると、程なく回答がある。欠点と思っていた相手の特徴は、その人固有の「個の花」であり、尊重すべきものだったのだ。

私たちが「相手を受け入れる」とは、人の長所と短所をあるがままに認め、受け入れることではない。長所や短所は、まさに、あなたの評価であり、あなたにとって短所を持つように見える人たちこそ、人生に必要な存在だと見えることが大切なのだ。

仕事や事業を成功させる究極の方法とは

あなたの周囲の人たちは、四つの傾聴のうちどれに当てはまるのかを分析してみよう。そうすることで、あなたは、人の好き嫌いに関してどのような傾向があるのか、周りにどのような傾聴の人を置いているのか、どのような偏りがあるのかがわかる。

さらには人の心の垣根を取り払うために、あなた自身も四つの傾聴能力を磨いてほしい。もし、この四つを自由自在に聴き分けることができれば、あなたは、究極の「離見の見」を手に入れることになり、あなたの行動は、目に見えて変化していくだろう。

この「離見の見」によって、あなたは自分の「人の見方の偏り」を知ることができるだけでなく、自分の人生や事業にどのような人が大切なのかも見えてくる。仕事や人生に天命を生かし事業を成功させるためには、四つの傾聴能力の強い人たちが偏りなく、あなたの周りに存在している必要があることを、身をもって知ることになるだろう。

これはノウハウではない。「人の聴き方から天命をつかみ、それに関わる」ことを新しい見方として実践すれば、真の生きた哲学としてこの世界観が息づくだろう。

そのとき、人を見る目が変わり、周りの人たちのあなたを見る目も変わり、人生の質が進化し始める。さらに、この「離見の見」の重要性をますます認識し、四つの聴き方を駆使する重大性が見えてくるだろう。

ポイント

人は自分が正しいという視点から世界を見ている。相手が「間違っている」「おかしい」と思うときこそ、あなたに人のすばらしさを見る機会が訪れている。

第六章

天命を仕事、人間関係に生かす

私たちは、自分や人の天命をつかむ三つの方法を探求してきた。
次に、私たちがやるべきことは、天命を仕事や人間関係に表現すること、さらには、人の天命が仕事に現れるように、その機会を提供することだ。

天命を表現することで、その仕事は天職となる。

第14番目の質問

「あなたの今の仕事は、天職ですか」

天職――天命を仕事に表現する

これまで、私たちは、三つの方法で天命をつかむ努力をしてきた。一つは、嘆きの中から、二つめは、過去の人生の中に脈々と流れる一本の経糸から、そして最後は、特定の聴き方をする中に、私たちの求めてきた大切なものがあった。あなたは、すでに自分の天命に触れ始めただろうか。人の天命はどうだろうか。ぜひ人生で修練し、それをつかみ続けてほしい。

次の私たちの探求に移ろう。天命を仕事に表現することだ。天命があなたの仕事に具現化されれば、それはあなたの天職となる。では、第一四番目の質問をしよう。

質問14「あなたの今の仕事は、天職ですか」

今のあなたの仕事は天職なのか

今やっている仕事は天職なのだろうか、本来やるべきことだろうか。これは多くの人が抱える問題であり、生きがいを求めて悩みながら生きている。

転職を考えている人たちに多い理由の一つは、「今の仕事は自分に向いていない。きっと自分の天職は他にあるはずだ」という考えだ。つまり、仕事の「内容」を見て、「私のやりたいことではない。自分に合っていない」と判断している。

適性診断や適職テストをやることで、その人の職業や職種の向き不向きを診断する考え方に、それは代表されている。「特定の職業は、特性を持つ人に向いている」と考えるからだ。果たしてこれでよいのだろうか。

わかりやすいよう、経理部門で例を挙げてみよう。そこには、ミスが少なくコツコツと仕事をこなしていく、いわゆる経理マンたちがいるというイメージがある。だが、会社の経理部門に同じタイプの人たちばかりがいたらいったいどうなるだろうか。

経理という業務の性質上、勇気を持って上司に直言し、苦言を呈する人も重要だ。また、経理部門は孤立してその仕事を全うできるわけではなく、他部署との連携が必須である。人間関係を拡げる人も必要だし、さらに、理屈だけではなく愛情を持って話せる人も必要だ。

典型的なイメージの経理マンだけでは、すばらしい経理部門は成り立たない。いろいろな個性と天命を持った人たちがいて初めて、機能的な経理部門ができあがる。

適性診断の結果によって、コツコツと真面目に、ミスなく仕事をする人は、経理に向いている、という観点から経理部門に人材を集めたらどうだろうか。同じ種類の人たちばかりが集まり、その部門は機能しなくなるだろう。

次は飲食店のスタッフを例にとってみよう。店に入ると、紋切り型の「いらっしゃいませ。こんにちは」から始まり、メニューを渡し注文をとると、料理名をオウム返しに復唱し「これでよろしいでしょうか」と去って行く。いろいろな個性のあるスタッフがいるはずだが、まったく同じような印象を与える接客方法をマニュアル教育している。そこでは、「この職業にはこんな人」という紋切り型の思想が息づいている。

このような職場で、働く人たちが生きがいを感じ、輝くことができるだろうか。

人が、自分はその職業が向いていないと悩むのは、自分の天命が仕事に表現されていないか、人間関係がうまくいかないからである。あなただけでなく周りの人たちが

「これは自分のやりたいことだ」というところから仕事ができるようになるのは、大切なことではないだろうか。

あなたの天命を仕事に表現する

あるホールスタッフが、人間が好きで人と親しく交わることが喜びなら、「愛する」ことが天命かもしれない。彼女は、顧客に親しく話しかけ、名前を覚え、愛想がよく、親しまれるような接客が可能だ。

別のホールスタッフは、「工夫をする」ことが天命かもしれない。それなら、顧客の注文した料理に、「それには、こんな料理が合いますよ。食べる順番は、この順番にしましょう」と話しかけることで、顧客はその知性に惹きつけられるだろう。

また、他のホールスタッフの天命は、「新しいものに挑戦する」ことかもしれない。それなら、新しい料理や、顧客がいつも食べているものを尋ね、別のジャンルのメニューを勧めることができれば、活き活きと仕事ができるだろう。

ここで強調したいのは、同じ職業でも違う天命を仕事に表現することによって、人は輝き、すばらしい成果を生み出すことである。

もし、経営者が自分の天命に志すのと共に、社員一人ひとりの天命を見極めることで、それぞれの社員が仕事の中で、自分の天命を表現することが可能ならば、どうだろうか。


私は、以前、米国のデザイナーを招いたときに、新宿でしゃぶしゃぶをご馳走した。その席に着いたホールスタッフは着物姿だった。特徴のない眼鏡をかけた若い女性だ。英語は話せないけれど、彼女のサービスには愛情が感じられた。出すぎず、影のように密《ひそ》やかに気を配っていた。デザイナーがトイレに立ったときにも、気がつくといつの間にか寄り添い、案内をしてくれた。料理もどんどん勧めるのではなく、お椀が空になるころに、そっと野菜や肉をよそってくれた。

米国のデザイナーは、そんな彼女が大変気に入った。帰り際、私に「料理はおいしかった。君のサービスは素敵だった」と彼女に伝えてほしいと頼まれた。それを伝えると、少しはにかんで、なんと「幸せです」と言ったのだ。

あまりに意外なお返しの言葉に、私たちは思わず目を見合わせた。一般的には、

「ありがとうございます」とか「至らないサービスで」とへりくだるのが落ちではないか。

「幸せです」と言うことで、お客である私たちが、彼女を幸せにしたことになる。それほどの返礼の言葉があるだろうか。逆に、私たちが誉められたことになってしまった。なんだか誉めた私たちも、幸せな気持ちになった。

こんな言い方もあるのだ。

彼女は、ホールスタッフとして接客しながら輝いていた。紋切り型のマニュアル教育では、これは不可能だろう。

しかも彼女の天命が「人の気持ちに寄り添うこと」だから、可能になったといえるかもしれない。同じことを言っても、誰もが同じ効果を生むというわけではないことは明白だ。

人が天命を表現できる場をつくる

「うちは大衆向けの店だから、高級店とは違う」などと考えないでほしい。一人ひとりの個性が現れるような接客ができる教育は、どんなタイプの店であろうと可能だ。

もしあなたが、自分の天命だけではなく、周りの人たちの天命をつかみ、一人ひとりが自分の天命に向かうことができれば、すばらしい職場ができる。

一人ひとりの天命が核となり、それが仕事に表現されるなら、これまでと同じ仕事でもそれは天職となり、その質はしだいに進化し、やりがいのあるものとなるだろう。

あなたの天命が「人を育てる」ことで、それを自分の仕事を通してやるなら、その仕事はあなたの天職となる。

仕事や事業、人生の中に、意志をもって、あなたの天命は表現されているだろうか。

ポイント

あなたが自分の天命をつかみ、それを仕事に表現すれば、やりがいが生まれ、天職となる。

第15番目の質問

「あなたは、人をどのように動機づけていますか」

究極の動機づけとは何か

前項では、天命を仕事に表現したものが天職であり、天命が異なっても同じ仕事を天職にできる可能性を見てきた。そこには、人をどう動機づけるのかという根本的な問いが存在している。

人の天分を引き出し輝かせることは、私たちの永遠の課題だ。

天命を生かす第一五の問いは、これだ。

質問15「あなたは、人をどのように動機づけていますか」

経済社会の厳しい競争環境の中で働いている人たちは、心が翻弄《ほんろう》されないようにするために、感情を抑圧し、感情の起伏の極めて少ない人になっていることがある。

また、ハードルの高い仕事はできるだけやらないようにして、リスクを避けようとすることもある。

人にはプラス思考とマイナス思考の両方がある

このような状況で、私たちは人のパワーを引き出すために、しばしば心を扱うことを考える。人の気持ちを汲み、動機づけを行おうとするのだ。人は心の状態や振幅に大きな影響を受けるからだ。

この考え方の延長線上に、プラス思考による心のコントロールがある。否定的な考えや感情の一切を排し、常に前向きに物事を考えるべきだという。

このプラス思考法を補強するために、「あなたの思いは実現する」という論法が未来志向の成功哲学として採用されてきた。あなたが強く願望し具体的なイメージを持つことで、それが現実化するというのだ。

ただし、この図式はプラスな考えだけではなく、マイナスな考えにも当てはまる。できるかどうか不安に思うと、物事はうまくいかなくなる。人が不遇な環境に追い込まれるのは、「マイナスに考えたことがそのまま現実化している」という考え方だ。

これはまさに、プラス思考をしなければ不幸になるという生き方の「不幸の手紙」ともいえる。できるかどうか不安に思ってはいけないというのは、人間にとって不自然である。

人間には、プラスとマイナス両方の感情が、生まれつき備わっている。絶対的なプラス思考は、マイナスな考えや感情を否定する「究極のマイナス思考」だ。

なぜなら人間は、喜怒哀楽という感性を生物学的に備えているにもかかわらず、その思考法は、人間である特性を否定してしまうからだ。

モチベーション低下もマイナス思考も自然の感情

このプラス思考は、私たちに関係する人たちのモチベーションを高めなければならないという考えを生み出す。ワクワクしたり、希望を与えたり、楽しさをつくり出したりすることで、プラスな感情を高めるのだ。楽しさや夢、希望的な感情をつくり出すことができれば、皆のやる気も高まるというわけだ。

しかし、心や感情はもともと不安定なもので、良くなれば必ず悪くなる。どんなに楽しいことも一時的で、続けば、高揚感は収まり飽きてくる。

初めはワクワクしても、そのワクワク感は長続きしない。つまり、心のモチベーションを高めるやり方は本質的に一過性で、一時的な結果しか出せないのだ。

モチベーションが下がれば、それは本当にやりたいことではなかったとなる。そして、次々と楽しいことを探す羽目になる。

これは、あなたも例外ではない。実際に、自分のやっている仕事にワクワクしなくなったとか、疲れたということで別に興味が移り、今までやってきた仕事は中途半端になってしまう人たちも少なくない。

モチベーションが高いときだけ前進し、下がったら止めるというのでは、物事を成し遂げることはできないではないか。

常に楽しくワクワクしなければならないとか、マイナス思考を持ってはいけないなどと考える必要はまったくない。どれもが人間の心の動きであり、ごく自然の状態なのだから。

私たちは、本書で「魂と心の区別」の必要性を探求してきた。「魂」は不動で確固たるものだが、「心」は常に変化し揺れ動くものだということは、もう説明する必要はない。

不安があれば、次には希望という感情も出てくる。逆もまた真なりだ。まさに、人間をしているのだ。心をケアすると、悪感情は一時的に消えるが、またすぐ出てくる。

一時的に気持ちは良くなるのだが、すぐ次の心の「揺れ」が出てくる。心だけに焦点を当てることは、人にかえって余計な苦しみを与えるように思える。

揺れ動く心を認めて天命を扱う

では、周りの人たちと、どのように関わればよいのだろうか。

私は、人は誰にも「固有の天命がある！」ことを常に意識して関わることが大切だと考えている。


ファッション系の専門店を八店舗経営しながら、自身の天命の探求を行っている経営者から聞いた話だ。

八店舗のうち、業績の振るわない店が一店舗あった。そこの店長は、やる気はあるのだが、なかなかうまくいかない現状にマイナス思考に陥り、とうとう神経症のようになってしまったという。

そこで経営者は彼を呼び出し、話を徹底的に聴いた。すると店長は、目標を達成できない自分の精神の弱さを責め、「児童養護施設出身の自分を育て、一人前にしてくれた社長に感謝している。だからこそ、合わせる顔がない」と泣きながら話したのだった。

その話を聴きながら、店長の達成意欲の強さが空回りして嘆きをつくっているとわかった。

彼は店長に「きみの将来の目標や夢は何か」と尋ねた。

「店舗数を増やして、歳とった社長やおかみさんに楽をさせてあげたい。自分がここまで育てられたように部下も育てたい」と言った。

社長は、社員の不動の思いを受け取った。社長は店長の天命を認め、そこから関わるようになった。

あなたが、この店長には達成的傾聴と献身的傾聴の二つが強いと瞬間的にわかったら、かなりの腕前だ。さらに、天命に関して「達成する」「育てる」という動詞が浮かんでいたらなかなかのものだ。天命動詞（108ページ）を見出すことを日常で意識して実践すれば、だんだん身についていく。

人は自分の魂の想いを受け取られると、本当に自分のことが「わかってもらえた」という体験をする。そして、そこから行動しようとする。これは人を力づける奥義である。もしあなたが人には「天命がある」というところから関わり続けるなら、お互いの天命を知ることができ、そこから尊敬と愛情のある関係ができあがる。そのことをあなたに日常で体験してほしい。

では、周りの人たちの天命と関わるにはどうしたらよいだろうか、次項で掘り下げていこう。

ポイント

究極の動機づけは、人の話をじっくり聴き、心の嘆きを受け取り、その奥にある天命を見抜くことである。

第16番目の質問

「あなたは、人とどのような関係をつくりたいですか」

氣脈という関係をつくる

言葉をはるかに超えたものが存在することに、私たちが思いを致すことができるなら、自分のみならず、周りの人たちの言葉の指し示す本質にも近づくことができる。

これは頭で理解するだけでは、単なる薄っぺらなものにしかならない。

人と関わる実践を通してのみ、天命を人生に生かすという方法が、生きた哲学となりうる。

それでは、実際に私たちは天命を通して人と関わることで、どのような関係ができるのだろうか。

ここでの問いは、これだ。

質問16「あなたは、人とどのような関係をつくりたいですか」

志の共有が関係をつくる

大阪で、中国からも研修生を受け入れる縫製工場を経営し、「人を輝かせる」ことが自分の天命だという経営者がいる。

当初は数人の幹部社員に対して、どうすれば班長や工場長に育成できるかとばかり考え、さまざまな話し合いをしたという。

しかし、社員はなかなか育たなかった。「実際には人を輝かせることなど、しょせん無理なことではないか」と嘆いていた。

彼は一念発起して幹部を集め、月二回の勉強会「経営道場」に取り組み始めた。社員一人ひとりと真摯に話し合い、お互いの心の奥底に潜む天命の探求を始めたのだ。

その過程で、「人を輝かせるのは自分の工場の中だけではないかもしれない。『自分の工場で』という枠を手放したとき、自然に相手との関わり方が変わってきた。自分の工場の利益という枠組みから見ていては、各社員の天命は見えないし、社員も本当のことを話さない」と気づいた。

この経営者は、工場や会社という自分の持つ枠組みを超えることで、人を輝かせるという自分の天命が、さらに明確になったというのだ。

根気よく勉強会を続けた結果、一人の幹部は、ペット服の製造小売業を目指し、一人は中国で縫製工場を立ち上げた。もう一人は和物のブランドをつくりインターネット販売することになった。また、日中の貿易の橋渡しの通訳を目指す人、工場長になりたいという人も出てきた。

このような関係をつくるには、自分の天命を自覚し、それを人生でやり抜くと決意することが必要である。つまり、天命を志にまで高めることが求められる。

このような姿勢で人と関わり続ける中で、お互いの天命、できることが異なるにもかかわらず、それらを共有し、強い絆ができ、実際に協力し合うようになっていく。

氣脈という関係

なぜ異なる天命にもかかわらず、それらを共有する人たちに強い関係ができていくのだろうか。あなたは不思議に思うかもしれない。

私は多くの人たちと共に天命を探求する中で、二つの特徴を発見してきた。それらの特徴が強い関係をつくり出しているように思えるのだ。

その一つは、人はさまざまな天命を持ちながらも、心の奥では誰もが例外なく「世界を平和にしたい」「良い世の中を創りたい」という不遍的な想いがあることだ。その一点において、さまざまな天命は共通性を持っている。

二つめの不思議な特徴は、お互いの異なる天命への志と「何ができるか」を共有することで尊敬と愛情が生まれることだ。お互いの志と専門性を知る同志を大切に思い協力し合うようになるのだ。

この不思議な関係ができるのは、それぞれ異なる天命が深いところでつながっているからである。

もしそれぞれの天命が究極にはつながっているとするなら、目指すは一つの山頂であり、そこへ至るルートが異なるだけだ。目指す山頂を無意識に共有しているからこそ、共に切磋琢磨し、尊敬し合いながら、上昇していくのではないだろうか。

またもし、お互いの天命への志と専門性を共有する集団が、人生の経営者であるあなたの周りに形成されていくなら、あなたの事業や仕事はどのようになるのだろうか。

図25を見てほしい（213ページ）。

あなたは、志を共有し合う同志を持てば持つほど空間軸に広がる自分となる。さら

図25　時空を超えた自分「氣脈」

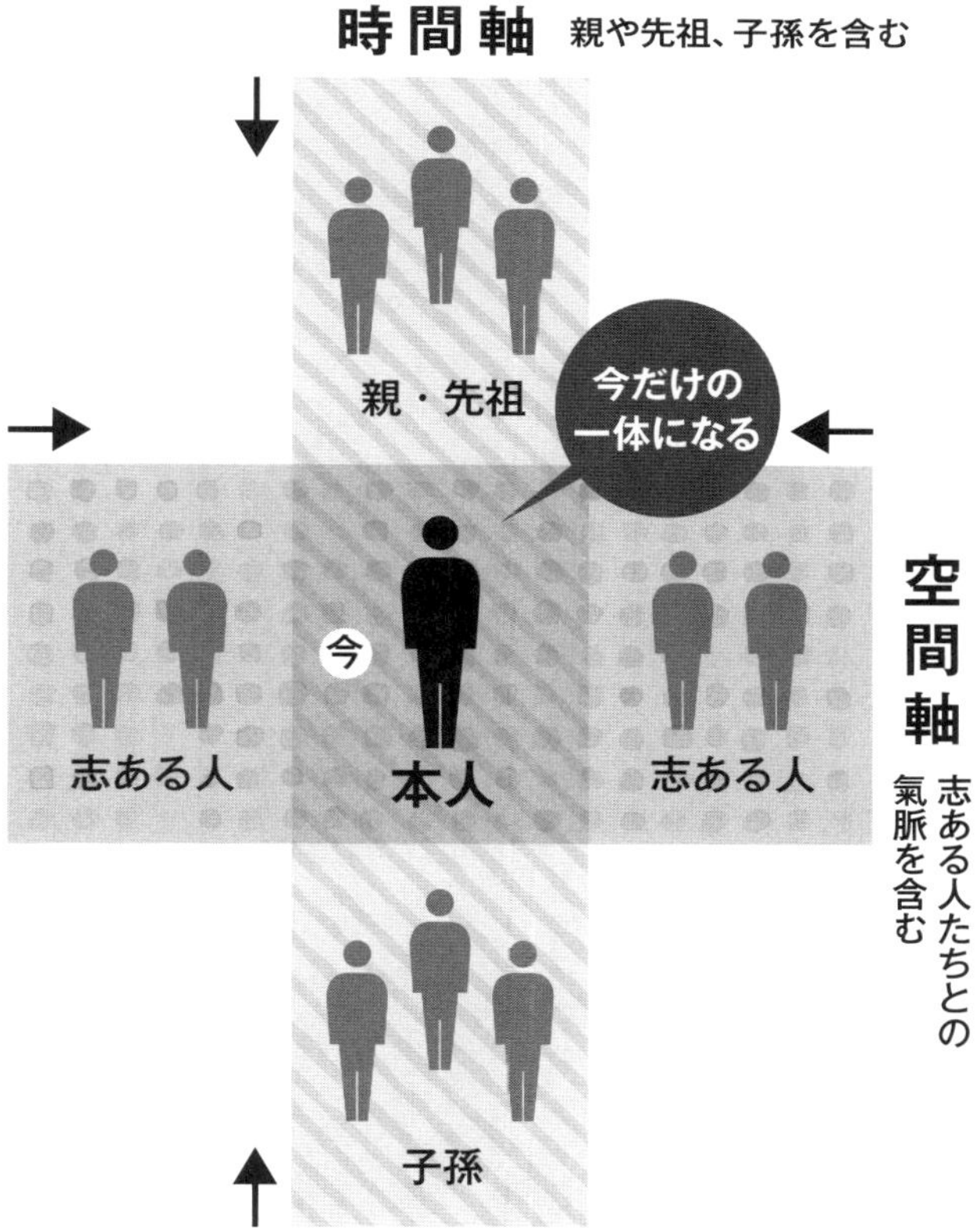

に、あなたが親や先祖に思いをはせ、受け継いだものを意識し、未来の子ども、そのまた子孫のために行動するなら、時間軸上に広がる自分となる。

これが肉体を越えた「時空である自分」である。

このような関係を、私は「氣脈」と呼んでいる。

「氣脈」とは聞きなれない言葉だが、福澤諭吉が『丁丑公論《ていちゅうこうろん》』という本の前書きで使っている（注13）。西南戦争で西郷隆盛の率いたサムライ集団に対して、「日本國民抵抗の精神を保存してその氣脈を絶つことなからしめんと欲する」と記述している。福澤諭吉は、当時、朝敵《ちょうてき》とされた西郷たちの氣脈を残すために、危険を冒してこのような文章を書き置いたのだ。

明治の初期、西欧化の波に「古きもの」が葬り去られようとしていたときに、まさにサムライの志を共有する集団が存在し、政府に抵抗し敗れた。

この西南戦争に関する評価は分かれ、西郷に批判的な見解も存在するが、西郷の志は今も人びとの魂に残り脈々と引き継がれている。

ポイント
天命から導かれる志を立て、それを互いに共有することにより、魂でつながる時空上に広がる「氣脈」という関係が生まれる。

第七章

天命の暗号を解く

私たちは、天命の探求から、
さらにその天命を自分や人の仕事に
表現する方法を見てきた。
それにより、これまでにない高レベルの
人間の本質に関する認識に達してきた。
この基礎のうえに、天命の暗号を解いていこう。

天命はあなたの中に
封じ込められ、
解き放たれるのを待っている。

第17番目の質問

「あなたの本当にやりたいことは、どこにありますか」

天命は封じ込められている

現代は心の時代といわれている。私は、その「心」と漠然といわれる領域にも、「心」と「魂」の区別をしてきた。天命は、心の領域にあるのではなく、魂の領域にあるものとして扱うことで、初めて、心と天命の関係がしだいに明らかになってきた。

なぜなら、不思議にも天命は心のバリアによって、自分自身の中に封じ込められているからだ。それは、嘆きの言葉の中に、過去の否定の言葉の中に、さらには人の話す言葉の聴き方の中に暗号のように示され、封じ込められてきたのだ。

いよいよ、それらの暗号を解く準備が整ってきたようだ。

第一七の質問は、これだ。

質問17「あなたの本当にやりたいことは、どこにありますか」

あなたの天命は心の奥底に秘され、あなたの人生に一貫して強い影響を与え続けている。

どうすれば自分の天命を自覚し、それを仕事や人生に生かすことができるだろうか。

あなたのやりたいことは封印されている

友人の紹介で、私は大阪で飲食店チェーンを経営している若者と会った。

一〇代のころ不良だったその経営者にも人との出会いがあり、今は更正して一生懸命仕事をしている。社員も「半端者」を雇い、鍛え上げ育てている。

そんな彼に、ぜひ天命の話をしてほしいという依頼があったからだ。

私は大阪にある、その人の店に入った途端、実に清潔に掃除されていること、さらに、従業員の接客に「暖かさ」があることがわかった。

その店の四階で、私たちは話をした。

「私の夢は、四五歳でセミリタイヤしてニュージーランドでゆっくり暮らすことです」と、その若者は言った。

「それは本当かな。実際にやりたいことではないのではないか。それなら、今すぐにでも行けるじゃないか」と返した。

「本当ですよ。本当に行きたいのです。でも今は、お金がなくて行けません。先日も、従業員に子どもが生まれて、給料も上げてやらなくてはいけないし」

私は、「もし本当に、ニュージーランドに行くのが夢なら、今すぐに行けるよね。お金がない人でも、多くの人たちが行って暮らしているよ」と言った。

「なるほど。たしかにそうですね。今すぐ行こうと思えば行けます。でも実際は、多くの従業員を抱えているので、なかなか難しい」

このようなやりとりの中で、彼の不良時代に、導師ともいうべき人たちとの出会いがあって、その人たちに育てられてきたことがわかった。

そして、更生してからは、彼の言う「半端者」を集め、半端ではない愛情を持って叩き上げ、育ててきたのだ。


彼の人生を統合的に見てみると、「育てる」という一本の柱「天命動詞」が、私の脳裏に浮かんできた。彼が経験したさまざまな苦難はそのためにあったとさえ思えた。

「本当は、人を一人前に育てて、幸せにしたいのではないのか。もしそうでなかったら、あんなに従業員の接客にハートがあるはずがないし、店がこんなにきれいに掃除され、磨き上げられているはずがない」と私は言った。

彼は一瞬、うれしそうにした。

「いや、育てようと思っているのですが、なかなか満足のいくように育てることができないんです。人を育てるのは難しいです。それに、これから従業員が結婚して子どもがどんどん生まれてくる。給料を上げてやりたいじゃないですか。だけど、事業が大きくなればなるほど、従業員が増えて、そんなことなかなか難しい。出口さん、そう思いませんか。私には、とても人を育てて幸せにすることなんてできませんよ」と真剣に言うのだ。

「不良上がりの青年たちを鍛えて、一人前に育ててきた。それが本当にやりたいことなんだよね」と、私は言った。

「こんな半端者の私にも出会いがあって、その人たちに育てられたんです。でも自分には、とても人を育てるなんて畏れ多いことはできない。こんな大変なこと天命とは思えないですよ。だから、本当に四五歳になったら、セミリタイヤしてニュージーランドで暮らしたいのです」

自分の天命に課せられた基準があまりに高く、しかも真剣に取り組むほど、できていないという「嘆き」が出てくる。

嘆きの対象である「人を育て幸せにする」ことが、自分の天命と密接な関係があるとは、気づかないだけではなく、とても容認できないのだ。

嘆きは天命を指し示す

このように人の事例を扱うことで、あなたも「離見の見」で、それを冷静に捉えることができるだろう。

人はどの分野でも嘆くのではなく、その人固有の分野で嘆いている。私は、歌が下手だが、「歌がうまくない」ことは、私の嘆きの種ではない。なぜなら歌手になるつもりもなければ、うまくなることに何の覚悟もないからだ。

多くの学校や塾の先生は、「子どもをうまく育てられない」「教えられない」「個性を引き出せない」と嘆いている。「こんなにできないのだから、自分に教師は向いていない。いつかは教職を去らねばならない」と思っている人たちも実際に少なくない。

嘆きは、天命を指し示すポインターだ。自分の人生に嘆きをもたらすのは、自分が人生で求めて止まないものだ。嘆きこそ、天命を導く重要な指標だということができる。

自分の心を観察し、その奥底にあるものを見てほしい。それは、心の嘆きが指し示す魂の声、つまり、天命を聴くことにある。「自分に嘆きなどない」と言わないでほしい。嘆きは巧妙に形を変えてあなたに出てくる。前にも言ったように、天命に対する悲鳴は、諦め、怒り、不安、焦りといった形でも現れる。

嘆きは巧妙に形を変えて現れる

さらに例を挙げてみよう。

「私は人生で一貫して人の役に立ちたいと思ってきたが、やはり無理だということがわかりました。だから嘆いているのではなく、諦めているのです。いわば諦観です」と、真顔で高僧のようなことを言う。だがこれは、嘆きによる感情の起伏を抑えて天命から逃げている。

自分の内面を見つめることを「内観」と言い、禅や瞑想でも盛んに行われている。これは自分を知るために大変重要な手段だが、自分が抑圧しているものはなかなか見つけられない。むしろ自分が相手に思うことの中に、抑圧しているものがあるかもしれない。

イベント会社に勤務する女性が「私の会社の社長は、自分の好きな人ばかりを用いている。社員の話も聞かないし、あれでは会社は伸びないわ」と怒っていたので、よくよく聴いてみると、彼女は、本当はもっと会社で活躍したいと思っていた。そして、心の奥底では、自分の実力の足らなさや自分を売り込む勇気のなさを嘆いていた。

彼女は自分の嘆きを見ることを避け、表面的には社長のせいにして、強い怒りを表していたのだ。嘆きが形を変えて相手に表出していたのである。

このように、自分以外の人たちに対して強く思うことの中に、自分が抑圧しているものを見るという方法を、私は内観と対比して「場観」と名づけている。自分の場にいる他の人たちに思うことを、自分のこととして見てみる方法だからである。

自分に対する嘆きの心情はマイナス思考であり、これらを人前で表現することは、現代社会では良くないこととされているため、その想いは抑圧されてしまう。さらには、自分がやらない理由を他者に見出して、「とてもこんな人のもとではやれない」と否定することとなる。

もう一つの嘆きを巧妙に逃れる方法は、嘆きからかけ離れた心地良い夢を描くことである。

前述の不良上がりの経営者のように、人生で一貫してやってきたことを否定し、「セミリタイヤしてニュージーランドに行くのが夢だ」と言う。本気で実現する気などないから、深く考えもせず、当然、嘆きも存在しない。

この他にも、「月旅行に行くことだ」「将来、財団を設立し、恵まれない子どもたちに寄付をしたい」「南の島で暮らしたい」などと言う人たちも出てくる。

あなたも少し想像してみてほしい。これらを考えることは心地良いことではないか。そして、なんとワクワクする気分になることだろう。なんと素敵な「夢」だろう。

そうは思わないだろうか。

図26を見てみよう（225ページ）。

図26　なぜ夢は叶わないのか

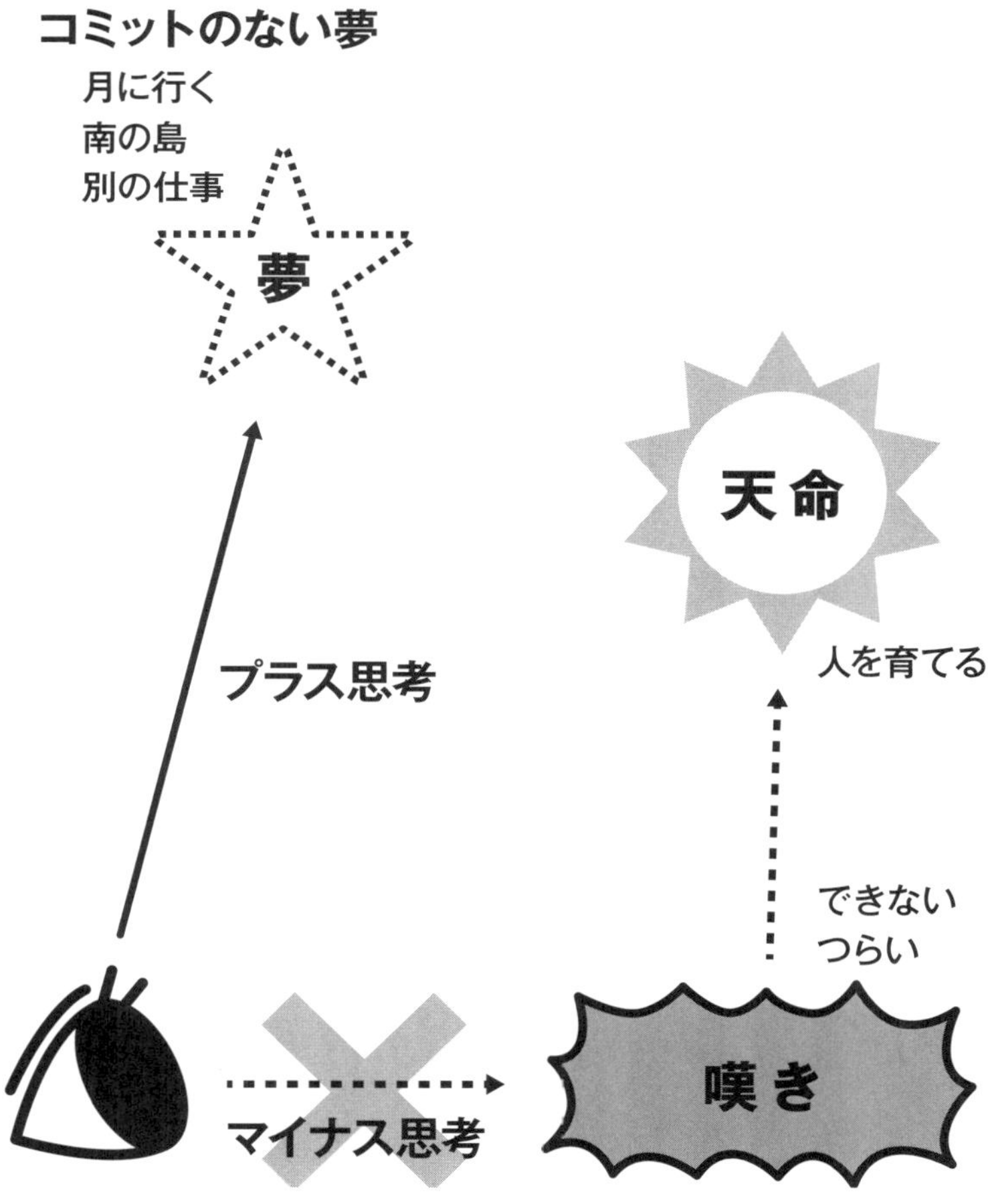

これはなぜ夢は叶わないのかを示したものだ。

嘆きの分野を見ることを避け、プラス思考で嘆きのない単なる「夢」を見ていることを表している。恐るべきことに、こうして人は天命の領域でないことに、自分のやりたいことを見出そうとするのだ。

成功者の言葉によって封印される天命

また、成功した多くの人たちが、「楽しくワクワクすることを人生でやるべきだ」という意味のことを公言している。高い境地に達した人たちが、ワクワク楽しいことをしているというのはたしかに本当だろう。

事を成した人たちは、皆もそうなってほしいと願う。そして、自分の到達した境地を語る。だから、「仕事はワクワク、楽しくやる必要がある」と情熱的に説くようになるのだ。この考え方は、すでに個人の主張を超えて、もはや社会規範ともいえるレベルにまで到達している。

しかし、これを「嘆き」に翻弄されている人たちが、文字通り受け取ってしまうと、「今やっていることは、つらく苦しいことだから、本当にやるべきワクワクすることが他にあるはずだ」ということになってしまう。

恐ろしいことに、嘆き自体が好ましいことではないと自動的に思ってしまう構造が存在している。


先の図26が示すように、嘆きや苦しみを避けようとすることで、それが指し示す根源的なことから遠ざかる。

苦しいことや嘆いていることから目を背け、それらを否定し、嘆きには程遠い、本当にはやる気もない「夢」や「目標」「ヴィジョン」を持ってしまうのだ。これによって、天命は、一層、心の奥深くに封じ込められてしまう。心のワクワクと魂のワクワクは区別しなければならない。


なぜ世の中は、このように天命を押し込める構造になっているのか！　もう少し簡単にわかってもよいではないか。これは私に繰り返し出てくる嘆きなのだ。この困難さは人間にとって、ゆゆしきことではないだろうか。

成功した人や指導者にも、人生で嘆きの時代が長期間あったはずだ。その苦しみの中から、彼らはしだいに天命に志すようになり、不動の魂の領域に到達したのだ。絶対積極という境地に至り独自の成功哲学を説いた中村天風も、肺結核にかかり、長い間苦しみ嘆いていた（注14）。

嘆きを乗り越えたからこそ、そこに魂のワクワク、楽しさがある。まさに「天命を楽しんで生きる」という「楽天」が現れたのだ。

人間にとっての幸せは、「本来やるべきこと」に嘆きを超えて志し、それを実現していく過程にあるのではないだろうか。そこには、楽天という世界が待っている。

最初の問いに戻ろう。

「あなたの本当にやりたいことは、どこにありますか」の答えは、もうあなたには明確なはずだ。

あなたの本当にやりたいことは、すでに人生の中にある。自分の人生に一貫するものの延長線上に、嘆きを超えて、あなたの真の未来があり、夢がある。そして、あなたは、嘆きながらも、すでに天命を実行してきたのだ。

片目を失いながらも多くの苦難を乗り越え、戦国時代を生き抜いた伊達政宗（注15）は次のような歌を詠んでいる。

曇りなき心の月を先だてて　浮世の闇を照らしてぞ行く

心の雲が取り払われたとき、天命という月光があなたの憂き世を照らしてくれるのではないだろうか。

ポイント

あなたが本当にやるべきことは、あなたの嘆きの中にある。

第18番目の質問

「あなたは自分の天命と、どのように関わっていますか」

天命との四つの関わり方

あなたは、もうすでに天命が封じ込められている構造をつかんできた。あなた自身がそのことを受け入れるとき、必然的に、この第一八の問いが出てくる。

質問18「あなたは自分の天命と、どのように関わっていますか」

人にはそれぞれ本来やるべきこと、天命が存在するなら、その天命とどのような関わりをしているのか。

また、どのような関わり方をすることが可能なのだろうか。

自覚されない天命

私の友人で、何度も職を変えた男がいる。どこに行っても仕事のできる男で、すぐに幹部に起用されるのだが、経営者や上司と対立し、結局辞めざるを得なくなる。

そして、別の会社に就職し、やっぱり、同じような対立を起こし、職場を辞めることになってしまう。

小さな職場で対立しても、決してその会社が良くなるわけでも、社会が良くなるわけでもない。本人もわかってはいるのだが、結局は同じことを繰り返してしまう。

実際、彼には妻も子どももいるので、「今度は対立しない」と何度も言っていた。

しかし、自分でもどうしようもない、まったく理屈に合わない、非合理な行動をとってしまうのだ。

なぜ、本人も嫌がることを、しかも何の得にもならないことを繰り返すのか。

自分でも、どうしようもなく悲鳴をあげながらも繰り返すこの非合理な行動こそ、天命を実行していたと見ることができる。もしそれが天の命令なら、逆らうことはできないはずだ。天命だからやり続けていたとするなら、納得がいく。

しかし、この友人は、自分の天命を自覚していない。さらに、自分の天命との関わりを覚悟できていないために、自分の力を発揮する方向を誤ってしまっているのだ。

彼の天命は何だろう。あなたは、彼の天命を見抜けるだろうか。

私の解答を書こう。

「繰り返し上司と対立する」という、この行動を貫く本質を一言で捉えれば、それは「変革する」ことだ。

とはいえ、それを天命にまで高めるためには、社会性と方向性が必要だ。さらに、手段と対象が自覚されなければならない。

もし彼が職場という小局で、その対立を起こすのではなく、社会的に変革すべき目標に向かって、その力を周りの人たちと共に傾注していたらどうなっていただろうか。

その自覚と覚悟ができていないために、身近な上司と対立を繰り返し、会社を転々とせざるを得なかったのである。

自覚された天命

同じ「変革する」という天命を持っていたと思われるのが、ヤマト運輸の当時の社長小倉昌男氏だ（注16）。

小倉社長は、郵政省と戦いながら、規制により郵便小包が独占していた個人貨物の宅配市場を改革し、社会に有益な「宅急便」という新しい事業領域を創造した。

彼は、自分の会社の中で戦うのではなく、社内で足場を固め、政府や官庁を対象とした大きな戦いを志し、日本の郵便制度に関わる重大な変革を成し遂げた。

ここに、「天命に志すこと」と「天命から逃げること」の決定的な違いがある。天命に志すと本来の対象、つまり社会的な問題に自身の行動が向けられる。しかし、志を実現することは、大変な困難を伴い、いくつものハードルを越えねばならない。対象が大きくなければいけないと言っているのではない。どんな大きさでもいい、自分の天命を自覚して、自分の持ち場にふさわしい行動をすることが大切なのだ。

自分自身の天命のハードルに圧倒され、天命から逃げようとすると、その対象は身近で限定的なものとなり、自分の周辺で軋轢や問題が山積してくる。小局から見た成功や自身の価値観に囚われるばかりに、本質的な成功を逃してしまう。

そして不思議なことに、逃げている限り、同じことがしだいに、より激しく大きく繰り返される。あたかも、天から「これでもまだ気づかないのか」と叩かれているように。

あなたにも思い当たる節はないだろうか。この集積により私たち人類が二一世紀に直面している母なる地球環境の破壊が起こっているのである。

意識されない天命との関わり方

さらに、あなた自身の天命への関わり方を探求してみよう。あなたは、次の三つの関わり方を読んで、どれが自分に最も近いと感じるだろうか。

これらに対する反応は、あなたの天命との関わり方を示す指標だ。

1　すぐ「天命」とか「天命に生きる」などと言い出す人がいるが、自分には関係ない。格好つけないで仕事に専念すればよい。

2　今まで人生でやってきたことが天命というのなら、なんと厳しい天命なのか。もっと他に別な生き方をしたい。

3　天命の大切さはわかる気がするが、とても自分にはそんなおこがましいものはない。たとえ、あったとしても、とても天命などという畏れ多いことはできない。しかし、今やっていることは生涯、続けていくような気がする。

1を選択した人は、天命に直面できずに逃げている。

2を選択した人は、自分の天命を嘆いている。

3を選択した人は、天命を畏れている。


この三つの反応は、どれも天命を「避ける」という言葉で要約される。しかし、不思議なことに、避けて他のことをしたとしても、本質的には同じことを、しだいにより激しく大きく繰り返し起こすようになる。

この「避ける」を続ける限り、あなたは方向性が定まらず、ますます苦しくなるか、自分の仕事は、しょせん利益追求や生活のためなのだと諦めてしまうしかない。


天命に関わるもう一つの方法、すなわち第四の選択肢がある。

それは、自分の中にある天命を明確にし、それを受け入れ、天命に志す生き方だ。

つまり、あなたに残された選択肢は、天命に直面し、それを志すということになる。

自分は天命と「どのような関わり方」をしているのかが意識され出すと、天命との関わり方は、大きく前進する。

人生で一貫したものを受け入れる

私自身にも、繰り返し出てくる心の嘆きの言葉がある。

「人間なんてとても理解できるものではない。しょせん、自分のやれることは、人間に関する断片を扱うのが関の山だ。もっと普通の仕事をやればよかった」

しかし、私の人生を振り返ると、常に人との関わり方に関心があり、そのときどきで研究や仕事の形態は異なっても、人間そのものを対象としてきた。これは、どんなに嘆いたところで、別のものに替えることはできない。しかも、これからも「人間とは何か」を問い続けることに自分自身は微塵の疑いもない。

私の人生を貫く天命の「動詞」は、何だろうか。そして、その対象と手段は何だろうか。あなたもよかったら洞察してほしい。そしてその答えは、最後に譲ろう。

今まで過去の人生の中で一貫してやってきたことの本質を捉え、受け入れたとき、迷いは晴れる。さらに、これまでの失敗は見事に、自分の天命を実行するために必要不可欠のものであったと認識されるだろう。

実は、あなたは、過去の人生ですでに天命の中にいたのではないだろうか。

自分の天命を受け入れ、志したときに、天命が仕事の中に成果として現れ始める。

常にあなたは天命を実行してきたのだ。そして、「これからもそれをやり続ける」と覚悟し、実行すれば、人生も揺るぎないものとなり、本来目指すべき未来もしだいに明らかになっていくだろう。

嘆きから目を背けた、あるいは、あなたが人生で貫いてきたこと以外の目標や夢は、たとえ思いついたときに力づけられ楽しそうに思えても、一時的なものにすぎない。やり始めた途端に、それは色あせてしまう。そんなものに惑わされないでほしい。

あなたが天命に志し、それを実行に移したとき、多くのハードルが、あなたを待ち構えている。しかも天命を志そうと志すまいと、あなたは天命を実行し続けている。その延長線上に、あなたの未来があり、それに沿った目標やヴィジョンをつくることが、あなたの本当の意味での「夢」の実現となる。それは大きさとは関係ない。

桜男と呼ばれた人がいた（注17）。どのような組織にも属さず、私財を投げ打ち、兵庫県で好きな桜の保護と育成に没頭し、生涯に何十万本という桜を育てあげた。

桜を知り尽くし、自然を愛し、文明に抵抗し、誇りある九一歳の生涯を終えた。彼は財産を築いたわけでもなく、天国に行くために桜を育てたわけでもない。

ただそれを志しただけだった。

このような人生を、あなたは成功だと思うだろうか。

私たちに与えられた最後の最も崇高な自由は、天命を受け入れ、志し、それに向かって歩んでいくことにあるのかもしれない。

ポイント

天命を受け入れ志すことで
あなたの人生は拓けていく。

第19番目の質問

「あなたの天命は変化しますか」

天命への関わり方は進化する

「天命を仕事や人生に生かす」とは、常に自分や人の天命と関わり、それを仕事に表現し続けることだ。そのことを実践する中で、天命を通して揺れ動く心との関わり方は深くなり、また広くなっていく。

つまり、天命への関わり方は進化していくかもしれない。

第一九番目の問いは、これだ。

質問19「あなたの天命は変化しますか」

天命は変化するのか

私の知人に経営コンサルタントがいる。彼は、企業に入り込み、経営者や社員と共に会社の理念やヴィジョンをつくることが仕事だ。彼とは何度も天命に関して話をしてきた。

彼の人生を振り返ると、建築会社、保険会社、会計コンサルティング会社の社員を経験していた。その後コンサルタントとして独立し、さまざまな職場で仕事をしてきたが、常に、「変革する」ことに動機づけられていた。

「なぜ変革をするのか」と尋ねたら、「それは、経営者のみならず、働いている人たちにやりがいを持ってほしいから」と言う。

ヴィジョンを社員と共につくる過程で、社内のコミュニケーションが良くなり、共通の目的ができる。

そのことによって、会社の組織と風土が変革され、働きがいのある職場になる。変革こそ自分の天命だと言うのだ。

あるとき彼は「私の天命は変化してきているように思える」と言った。

「過去を振り返ってみると、私は仕事で徹底的に一人ひとりと関わってきました。それには労力と根気、勇気が必要ですが、どんなに大変で怖いと思おうが、やってしまう。それは仕事だけではない。困っている人を見ると黙ってはいられないのです」

「そう考えると、自分の天命は『変革する』ことだと思っていたが、人を『助ける』

というのが、むしろぴったりくる。『助ける』という動詞が出てきてから、仕事における人との関わり方がさらに深くなり、夫婦関係などのプライベートな相談にも乗るようになった」と。

私は彼に「人を助けることで、相手にどうなってほしいのか」と尋ねた。

「やっぱり幸せになってほしいですね。幸せというのは、単に経済的に裕福なだけではダメ。人は仕事のことだけではなく、家庭のことでも、どれだけ人間関係で悩んでいることか。それは、ほとんどコミュニケーションが原因です。ヴィジョンを共につくることを通じて、経営者と社員、そして家族とのコミュニケーションがよく取れる環境を整備することが大切なのです」と言った。

そして、最後の結論をこのように締めくくった。

「そうか、なぜ一人ひとりと徹底的に関わってきたのか理由がわかった。今、私に『魂を救う』という言葉が出てきました。大それたことで、とてもできることではないのですが、結局、人の魂を救いたいのです」

天命ポインターそのものが変化する

図27を見てほしい（245ページ）。

これまで述べてきたことと矛盾するようだが、「変革する」「助ける」「救う」という言葉は、天命そのものではない。それは、目に見えない天命に触れて出てくる言葉であり、「天命」という人知を超えたものを指し示すポインターなのだ。

たとえば、「あの人はやさしい」と言うとき、「やさしい」の言葉は、たしかにその人を表す。しかし、「やさしい」という言葉は、その人そのものではないし、その人のすべてを表現したものでもない。

私の知人の天命のポインターは、これまで単に「変革する」と言っていたことが、次には「助ける」、そして、ついには人を「救う」というふうに変化してきたのだ。これらはたしかに異なる動詞だが、互いに関連している。

組織を「変革する」のは、社員を「助ける」ことにつながる。さらに、「助ける」より深い人間関係が「救う」なのである。

このように、人への関わりがより深くなる「動詞」に変化していることに注目しよう。この関わり方の進化によって、彼の行動もまた進化している。彼がコンサルタン

図27　天命への関わり方は進化する

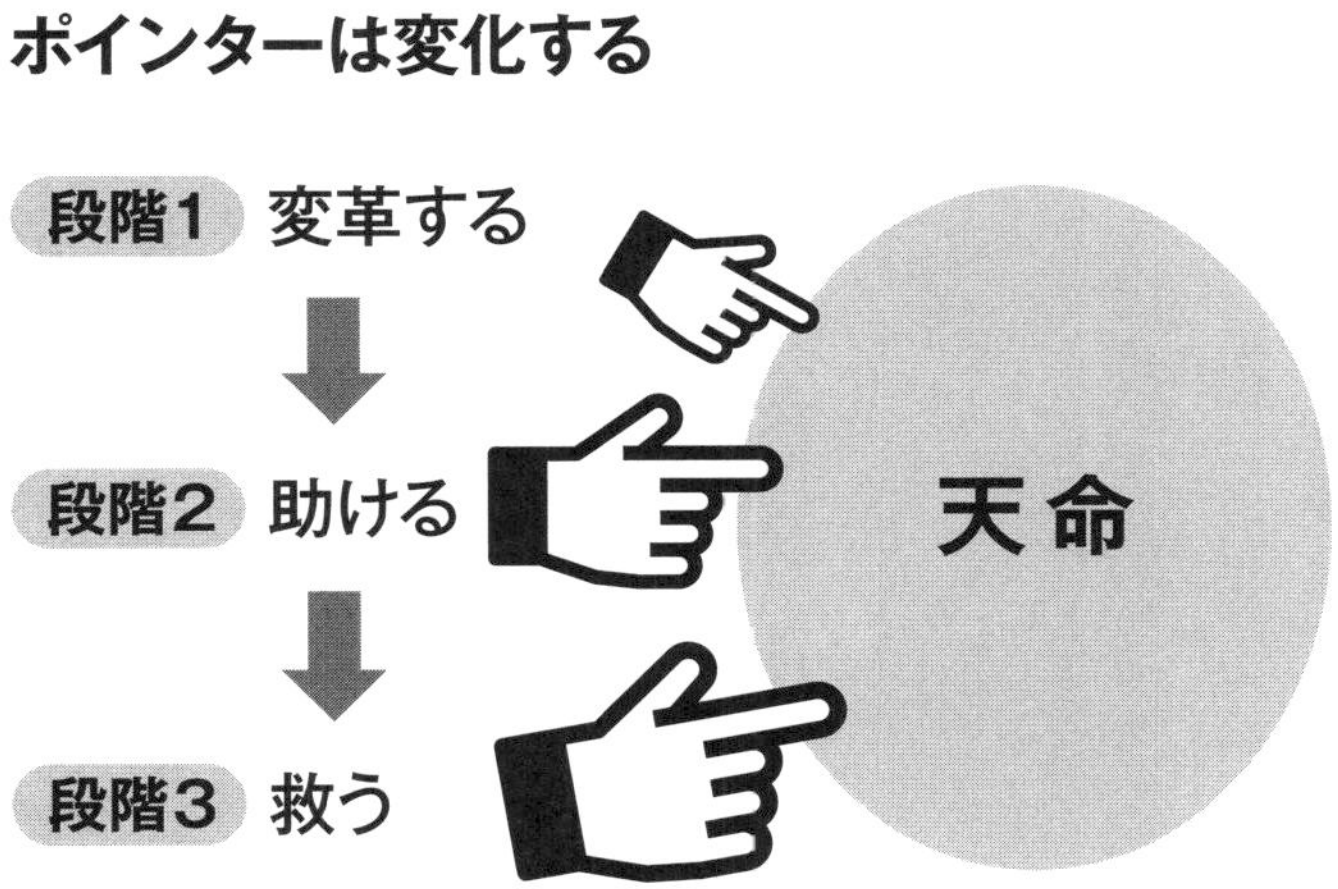

3つの動詞は同じ天命を別の視点から提供し、
天命との関わりは、段階的に深くなり、
それらを総合的に見ると、さらに全体像が見えてくる。

トとして企業の外にいるのは、特定企業の社員の枠を超えて人の迷える心、いや魂を救いたいからなのかもしれない。

目に見えない巨象に関わる

私の友人は、目に見えない天命の一部に触れたのであり、さまざまな角度からそれに触れ、異なる深さで関わるようになってきた。

前述の目に見えない象の話をあなたは覚えているだろうか。

ここに、あなたの見たこともない透明の象がいる。もしあなたがその象の足を触ったら、象は「柱のようなもの」だと言うだろう。耳を触ったら、大きな「葉っぱのようなもの」、尻尾を触ったら「ひものようなもの」だと言うだろう。

つまり、象を指し示すそれらの言葉は、本質の一側面を捉えたものにすぎない。しかしそれらを総合すると、象の全体像が見えてくる。

私たちは、しばしば、ポインターとしての言葉それ自体を本質として扱ってしまう誤りを犯すことがある。大切なのは言葉そのものではなく、それが「指し示すもの」を捉えようとする姿勢だ。

私が「天命は、動詞で表すことができる」と記したからといって、その動詞が天命そのものではない。

その動詞が指し示す本質が大切であり、複数の動詞で示されるものは実は一つの天命という存在である。したがって、それらの動詞はお互いに関連している。

志が深まることで進化する

これら三つの天命を指し示す言葉はどれも間違いではなく、また天命そのものが変化したわけでもない。それらは互いに関連しており、さらに天命への志が深くなってきたのをつかむことができるだろう。

第一段階の天命への関わり方は、「変革する」であり、そこには既存のものを「変える」という意味はあるが、方向性や結果は「明示」されていない。

第二段階の「助ける」は、「変える」だけではなく、人に「手を差し伸べる」という意味が付加される。

第三段階の「救う」には、「変える」と「手を差し伸べる」に、さらに、その「結果」まで含んでいるのだ。

このように、天命への志が行動のレベルでより強いものになってきたのだ。要約すると、次のようになる。

1　変革する（変える）
2　助ける（変える＋手を差し伸べる）
3　救う（変える＋手を差し伸べる＋結果）

これは、明らかに人への関わり方が深くなってきていることを意味している。段階的に責任が重くなり、実行することは、より難しくなってきているのは明らかだろう。

あなたの天命への志が深まるにつれて、あなたの「天命動詞」は、より一層、現実に結果を求めるものに進化していくだろう。

ここまで天命を探求し、天命がこれだとつかんだ人も、なんだかわからないという人もいるだろう。天命は必ずしも明確になる必要はないとあえて言いたい。それは、天命を探求し触れ続けることに意味があり、その中にパワーがあるからである。

聖人は本を書いたか？　理性の悲劇

キリストは「聖書」を書いたか。ブッダは「仏教聖典」を書いたか。孔子は「論語」を書いたか。茶聖といわれた千利休は「茶の本」を書いたか。俳聖の松尾芭蕉は「俳句の理論書」を書いただろうか。いや、書いてはいない。すべては弟子が師匠の言葉にあまりに感動したがゆえに、本にまとめたのである。

聖人は、同じ真理に触れていたと私は確信している。だが後世の人びとはその言葉を理性で理解し、複雑な体系にして形骸化させてしまった。人類はこの「理性の悲劇」を延々と続けてきた。

天命も明確な言葉にしてわかったと思ったときにあなたの探求は止み、それはただのお題目になってしまう。問い続けること、それが人生であり、意味がある。答えを出すのではなく、「これではないか、いやこうかもしれない」と探求することで、多くの人たちの運命が好転し、立ち姿まで美しくなっていくのは不思議なことである。

ポイント

天命は結論を出すのではなく、探求する中に真の力がある。

第20番目の質問

「どのように、天命の封印を解けばよいと思いますか」

天命の封印を解く

私たちには、どんなに環境が変化しようとも決して揺るがない「何か」がある。あなたは、すでにそんな感覚を自分の中に感じてきているだろう。

その「何か」が人を突き動かし、人の世界をつくっている可能性が見え隠れしている。その何かを、今、私たちは「天命」と呼んでいる。

天命の領域に直面し志すことで、しだいに自分の心や感情に振り回されない不動の軸を持つようになる。

これは、心が邪魔な存在であると言っているのではない。しかし、なぜ心が天命を封じ込めるように動くのだろうか。

質問20「どのように、天命の封印を解けばよいと思いますか」

天命の封印を解くために、「天命」と「心」との関係を探求することで、この章の筆をおきたい。この関係には、二つの種類がある。

心に魂が従う関係

心と魂の関係の一つは、「心」が主であり、天命の存する「魂」の領域は「従」であるという関係だ。つまり、主に「心」が「魂」に影響を与える「心に魂が従う」という状態だ。心は肉体があるから存在し、状況しだいで心は絶えず揺れ動いているので、魂の領域である天命は、心の揺れによってかき乱される。

しかし、天命を完全に封印することは難しく、嘆きや怒り、不安として、心に染み出てくる。「人を育てることができない」と人生で嘆き続けてきた人は、実は、人生で「育てる」ことを追い求めてきたのであり、天命は、「人を育てる」ことに密接に関係している。そのハードルの高さゆえに、嘆きが出てくる。

これが、天命が封じ込められている状態だ。ほとんどの人がこの状態にあり、したがって、先に見たように、お互いの特徴を相互に批判することで封印し合い、さらに、天命から発する嘆きをマイナス思考として否定する社会構造ができあがっている。

魂に心が従う関係

もう一つの関係は、「魂」が主であり、「心」がそれに従うという関係で、「魂」が「心」の発現に強い影響を与える「魂に心が従う」という状態だ。魂の領域である天命の軸は揺るがないから、心の振幅も、その範囲内に限定される。

たしかにこの関係だと、心は天命を機軸に動くようになり、心の安定した人に見えるはずだ。こういう状態を、一般に、「不動の心」を持った人と描写されてきた。

この「魂に心が従う」関係を目指すことが、天命の封印を解くことになる。「魂に心が従う」関係であるためには、自分の過去の人生を統合的に見ることで、自分の人生を貫く揺るぎない天命を見出し、それに志すことができる。

心が天命にどう関わっているのか

私はこれまで多くの人たちと関わり、人生を統合していく過程に立ち会ってきた経験から、心と天命の関わり方は、四段階で進化すると捉えるに至った。ときには邪魔のようにも思える心の状態が、実は、天命とどう関わるべきかを教えてくれている。

次の四段階は、あなたが今、天命とどのような関わり方をしているのか、これからどのように関わるべきなのか検討するための道具である。いわば、未踏の領域へ到達するためのハシゴだと思ってほしい。したがって、あなたが必ずしも同じ順番を踏んでいなくても、その順番にこだわらず、この探求を続けてほしい。

1 第一段階「逃げる」

まず、第一段階は、「逃げる」だ。

天命に直面すると嘆きが出てくる。しかも、現代社会では嘆き自体がマイナス思考だとして排斥される。したがって、嘆きを避けることで、それが指し示す自分の天命の領域からますます遠ざかる。こうして、天命から逃げることになるのだ。

苦しいことや嘆きから目を背け、ワクワク楽しいことを追求しようとする。

「イヤイヤやるようなことは、天職であるはずがない。人生は楽しいことをすべきだ。人生の成功者が皆言っているではないか」と。

これは、「逃げる」の典型例だ。

心のワクワク楽しいことを常に追い求めることで、天命を指し示す嘆きや怒り、不安から顔を背け、あたかも人生を楽しんでいるかのように、装っているのだ。

このような段階では、人は一見悩んでいないように見える。しかし、その人の天命に関することに触れられると、話題から逃れようとする。

2 第二段階「嘆く」

第二段階の心の天命との関わり方は、「嘆く」だ。

天命に直面すると、そのハードルのあまりの厳しさに「とてもできない」と悲鳴をあげることになる。内省力の強い人、まじめな人ほど、嘆きは大きく悲鳴にも似たものになる。

「どうして私だけこんな目にあうのか」「早く仕事を辞めたい」「リタイヤしてゆっくりしたい」「これが天命ならあんまりだ。私にはとてもできない」などとなる。

自分の置かれている状況、つまり自分の天命に圧倒され、それを素直に受け入れるのではなく、あたかも悲鳴をあげているように嘆くのだ。

それに輪をかけるのが、第五章で見てきた、お互いの聴き方の違いからくる相互批判の構造だ。最も強い特徴を欠点として、お互いに批判し合い、自分でもその特徴である「個の花」を嘆くようになるのだ。

3　第三段階「畏れる」

第三段階の心の天命との関わり方は、「畏れる」だ。この段階では、だんだん「嘆き」や「悲鳴」は少なくなり、自分の天命に関することは、ほとんど口にしなくなる。

私の友人は、米国に三〇年以上も在住し、日本と米国を行き来しながら、日本から伝統の高級織物の輸入を手がけてきた。

彼に「日米の架け橋となって日本の伝統文化を米国に伝えたいのですか」と尋ねた。「そんなおこがましいこと、とてもできませんよ。でもやるしかないです。私はたしかにそれをやろうとしてきたが、できてこなかった。だから、とても天命などとは言うことはできません。でもこれからもやっていくのでしょうね」と、否定しているのか受け入れているのかわからない返答を真顔でする。あたかも二人の異なる人間が話しているようだ。

この矛盾したように思える言葉が出るのは、謙遜しているからではなく、天命を受け入れることを「心」が畏れているからである。

さらに問うていくと、「日米の架け橋とか、日本文化を伝えるなど、そんな畏れ多いこと、私にはできませんよ。大それていますよ」という言葉を発する。

ついに最後には、「私は、どんなに事業が苦しくなっても、これだけはやめるわけにはいかない」と、目をうるませ、蚊の啼《な》くような声で言った。それは、「魂」から絞り出したような声で思わず私も涙が出てきた。

人に「畏れ多い」「大それた」「おこがましい」「とてもできないがやり続ける」といった言葉が出てきたら、怪しいと睨んでほしい。それは、天命の領域に触れているのだ。これは、見事なほどに、多くの人たちに当てはまる。

4　第四段階「志す」

第四の段階における心の天命に対する関わり方は、「志す」だ。

自分の人生を振り返り、その中に、一貫した不動の柱を見出すことで、人生の統合ができる。「自分は、過去にずっと一貫してこのことをやってきた。未来もこのことをやっていくことは明らかだ」という段階に達したとき、ついに志すことができる。

図28を見てほしい（259ページ）。

心の天命との関わり方の「逃げる」「嘆く」「畏れる」という各段階を示している。

最初は「逃げる」、次に「嘆く」、そして「畏れる」という段階になり、各段階を行き来しながら、しだいに「志す」状態になっていく。

ついには、自分の人生で一貫することを、自分の天命だと確信を持つようになり、「志す」段階に到達するようになる。

この天命に志す段階は、一度ここまで到達すればそれで終わりというものではない。次のレベルが存在し、また新しい第一段階の「逃げる」から始まるように思える。つまり、ようやく志すことができたと思っても、また次のレベルが存在するのだ。

私の友人から「天命がどんどん変わってわからなくなった」という相談を受けた。彼女の天命を指し示す「動詞」は、「聴く」から「伝える」、さらに「導く」まで変化し、どれが自分の天命かわからなくなったというのだ。

彼女は過去を振り返って、「私は人から相談を受けることが多く、ただ、一生懸命聴いてきました。そうすると、自分の周りには聴いてほしい人たちが集まってきた。最初は、人の話ばかり聴くのはつらいことだと嘆いていましたが、しだいに受け入れるようになりました」という。つまり、初期の段階では、彼女の人への関わり方は「ただ聴いてあげる」ことに主眼があったようだ。

図28　4段階の天命への関わり方

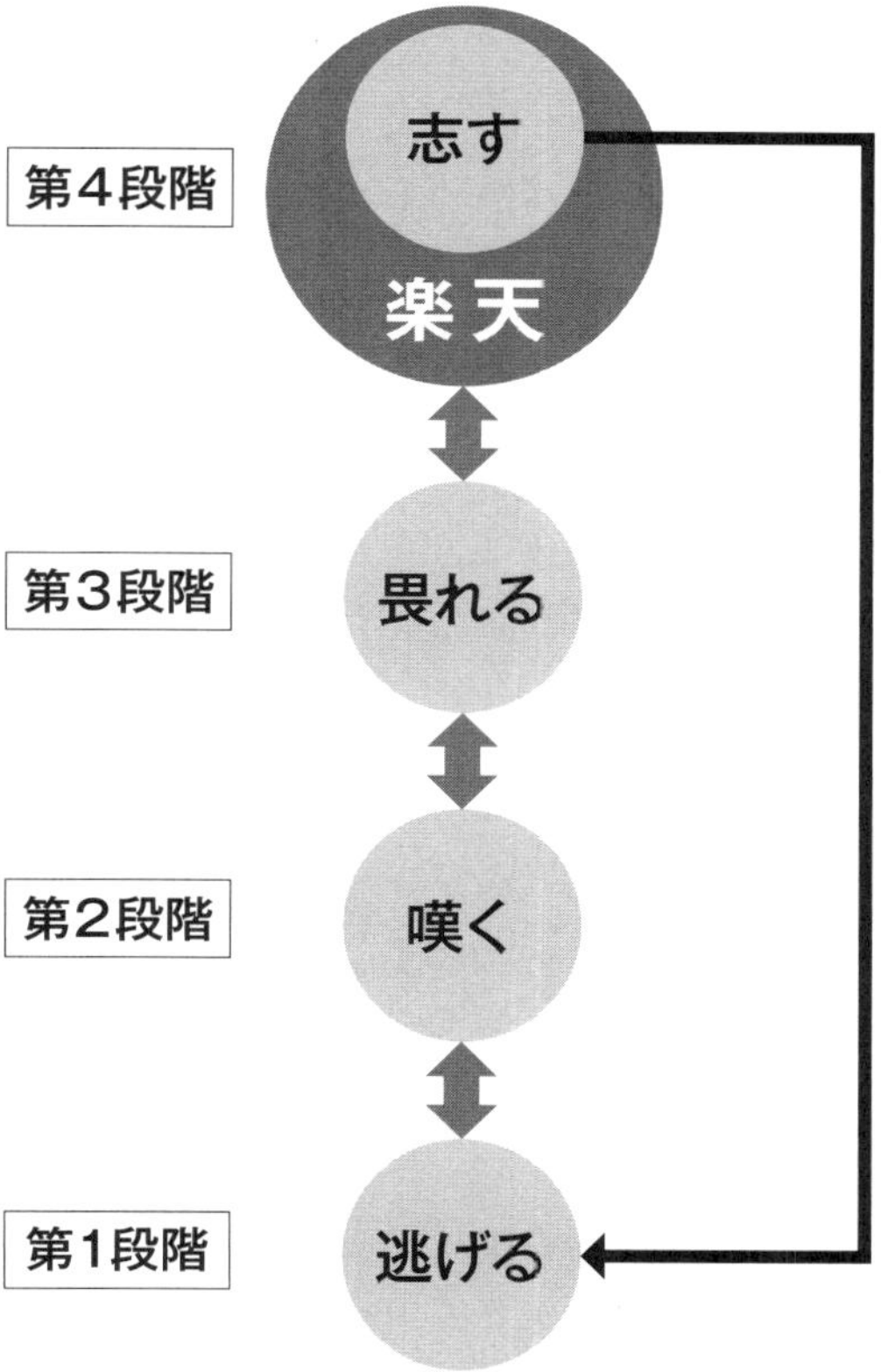

天命との関わり方は、
4つの段階を繰り返しながら、
らせん状に進化する。

次には、「聴くだけではなく、参考までに私が学んだことを『伝える』ことを始めたら、もっと話してほしいとなり、私は『伝える』ことが天命のように思うようになりました。でも、そんな専門知識はなく、とてもできません。そこで、「専門知識を得ようとカウンセリングの勉強を始め、ようやく少しずつ勉強したことを実際に『伝える』ことができるようになりました」と言う。これは「聴く」だけではなく「話す」ことにも注力するようになったことを意味している。

「最近は、伝えることにも喜びを見出すようになり、今度は伝えるだけでなく、やはり『導く』ことが必要だと思うようになりました。すると、導いてほしいという意味のことが人から聴こえるようになってきたのです。人を導くなんて、とても畏れ多くて私にできることではありません。私の天命は、いったいどうなっているのでしょうか」と言う。

彼女の話をまとめると、次のようになる。

1　聴く（聴くだけ）

2　伝える（聴く＋話す）

3 導く（聴く＋話す＋方向づける）

このように、彼女はしだいに人への関わり方が深くなっていった。その段階ごとにハードルが高くなり、「実行する」ことは、より難しくなってきている。「動詞」が変化するにつれて、「逃げる」「嘆く」「畏れる」「志す」の四段階が繰り返し現れているのだ。

前にも述べたように、あなたの天命への志が深まるにつれて、あなたの「天命動詞」は、より一層、現実に結果を求めるものに進化していく。いったん志して天命の封印が解けたと思っても、次の段階が存在することになる。また、「逃げる」や「嘆く」が始まるのだ。私たちは、この四段階のプロセスを繰り返しながら、らせん状に高次のレベルに至るのかもしれない。

私の四段階で天命との関わりを捉える見方は、あくまでハシゴとしての役割だ。あなたは天命との関わりをつかむ方法を得たなら、それを乗り越えていかなければならない。

あなたは、天命との関わり方をつかむという段階で、このハシゴを外すことができる。ユダヤの血をひく哲人ヴィトゲンシュタイン流に言えば、これは、真実というよりもあなたが高みに昇る道具として有効だからだ（注18）。

このアクセスを、私たちは「離見の見」で見る必要がある。この見方を人生に適用できたとき、あなたは確実に次のレベルにいることがつかめるだろう。今いるところを乗り越えることで、あなたはさらなる高みに到達できる。

その高みとは何か。

これはあなたにとって、もう「嘆き」ではなく「望むところ」なのではないだろうか。それが最終章である。

ポイント

天命の封印は「逃げる」「嘆く」「畏れる」「志す」の四つの段階を人生で俯瞰し、実践することで、しだいに解かれていく。

第八章

天命に志す

あなたにとって本当の成功とは何か。
それをつかむために、
来世志向の成功、未来志向の成功、
そして最後に、天命志向の成功の
三つの人生観を見てみよう。

成功するからやるのではなく、
失敗するからやらないのでもない。
ただ、天命に志したから
やり続けるのだ。

第21番目の質問

「あなたの魂が望む本当の成功とは、いったい何ですか」

第三の成功哲学――天命志向の成功

天命との究極の関わり方は、自分の過去の人生の中にある天命を受け入れ、それに志す生き方だ。

人は、天命に志したとき、それが仕事や人生の中に現れ始める。では、天命に志す人生を実現するとは、どのような意味を持つのだろうか。

ならば天命を人生に生かす第二一の問いは、必然的にこうなる。

質問21「あなたの魂が望む本当の成功とは、いったい何ですか」

この問いに答えるために、「成功とは何か」という探求から始めなければならない。

何が幸せな人生なのかということは、時代背景や人の持つ価値観と不可分だ。

歴史的に見ると、成功哲学には二つの潮流が存在する。その説明から始めよう。

来世志向の成功哲学

第一番目は、来世志向の成功である。

中世以前においては、衣食住に関する生産手段は大変に弱く、その生産量は極めて限定的なものであった。つまり、大部分の人びとの生活は貧しく、医療技術も弱く、経済的な希望を持つこともほとんど不可能な状況であった。人びとは、物質的欠乏、経済的欠乏、天災や疫病から発生する苦しみの中で、どのように生きるかが大きな課題であった。

支配者層の視点からは、その厳しい生活をしている人びとに、どのような救いを与えるかが重要な課題であっただろう。

そのような環境の中で、天国に行くために今を生きるという来世志向的な考え方が生まれ、人びとの支持を得るのは必然だった。

図29を見てみよう（２６７ページ）。

文明の発祥以来存在してきたこの伝統的な人生哲学は、天国に行くために、来世における復活のために、過去を反省し今を律して生きるということだ。

図29　来世志向の成功哲学

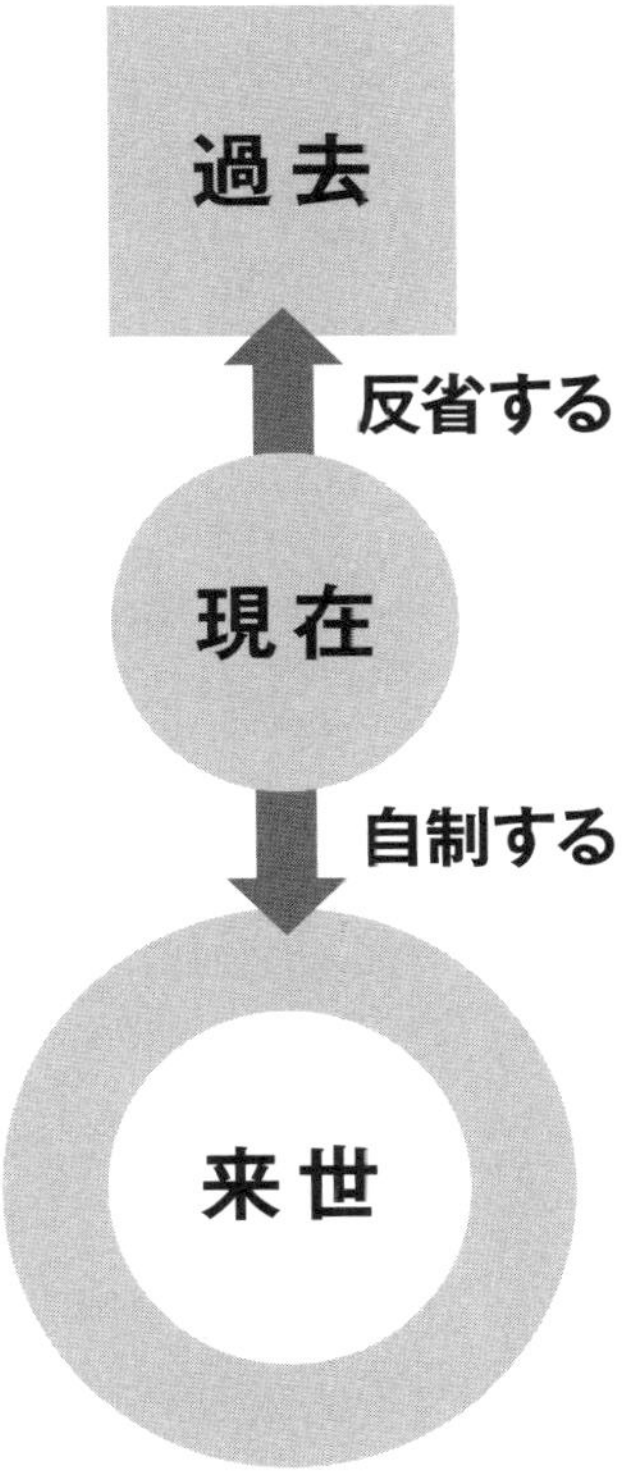

来世のために今を生きる。
天国に行くために、来世における復活のために、
過去を反省し、今を律して生きるということ。

天国に行くためには、理性的、倫理的な行動をし、自制的な人生を歩むことが必要とされる。

つまり、人生を生きる価値は、死後の世界、天国にあることになる。言い換えれば、来世、あるいは彼岸に自分の未来を託して生きる、来世志向の生き方である。

これは、宗教的な思想と深い関わりがあり、しかもキリスト教、仏教、イスラム教といった宗派を超え、時代を超えて、世界にあまねく存在する考え方である。

この考え方は、仕事や経営の世界にも当てはまる。自分の能力をはるかに超える危機に遭遇し、乗り越えてきた人の中には、来世志向的な考えを持ち、禁欲的で真摯な仕事や経営を行っている人たちも多く存在する。言い換えれば、人生の目的は魂を磨くことであり、その修行に生きることである。

未来志向の成功哲学

もう一つは、未来志向の成功である。近代に入り、西欧では産業革命による科学技術の発達によって、生産が拡大し、物流手段も発達した。その結果、大きな経済的、物質的な余剰が生まれるに至った。

この物質的豊かさが実現されるにつれ、「来世のために今を生きる」という伝統的な考え方は、しだいに人びとの共感を得にくくなっていった。来世を待つまでもなく、現世において未来における物質的な豊かさへの希望を持つようになった。

このような環境下で、ニーチェは従来の来世志向の成功を「神は死んだ」という言葉で否定した（注19）。天国を約束する神の存在は、近代ヨーロッパの多くの人たちにその効力をすでに失っていると洞察した。

この近代哲学は、「人生は思い通りになる」「思いは実現する」という考え方として、多くの成功者たちによって語られてきている。いわば現世における「未来志向の成功哲学」というものだ。

未来を信念と積極思考で自由にデザインできるか

図30を見てみよう（271ページ）。

未来志向の成功哲学の本質は、過去にどのようなことがあったとしても、それはあなたの未来とは関係がないということにある。あなたの過去を過去として完了させることで、未来に影響させないと主張する。

それなら、白いキャンバスに自由に未来の夢を描き、それを潜在意識に透徹できるまでの強い願望に高め、具体的に未来をイメージすることができる。その具体的なイメージを基に、逆算して現在やることを決め、新しい習慣としてそれを実行すれば、その物理的望みは必ず叶う、と説く。

したがって、あなたの未来に限界線を引いているのはあなたしかいないと考えるのだ。当然あなたの過去は、未来に影響を及ぼさせるべきではない、否定的な存在として扱われる。それなら、私たちの過去はいったい何のためにあるのだろうか。

現在、信念と積極思考の力によって人生の成功を手に入れることができるという考えは、近代成功哲学の所産として重要な位置を占めている。

この未来志向の成功哲学は、経済的に成功した人たちによって語られ、多くの書物として存在している。多くの成功者は間違いなく、この種の哲学の持ち主だろう。

たしかに、経済的にも大きく成功したわけだから、その考え方を本人が重視し、人びとからも重用されるには理由がある。しかも人間の可能性は無限であるし、それは誰にもあるといえる。また、自分が人生で取り得る選択肢も無数だ。

図30　未来志向の成功哲学

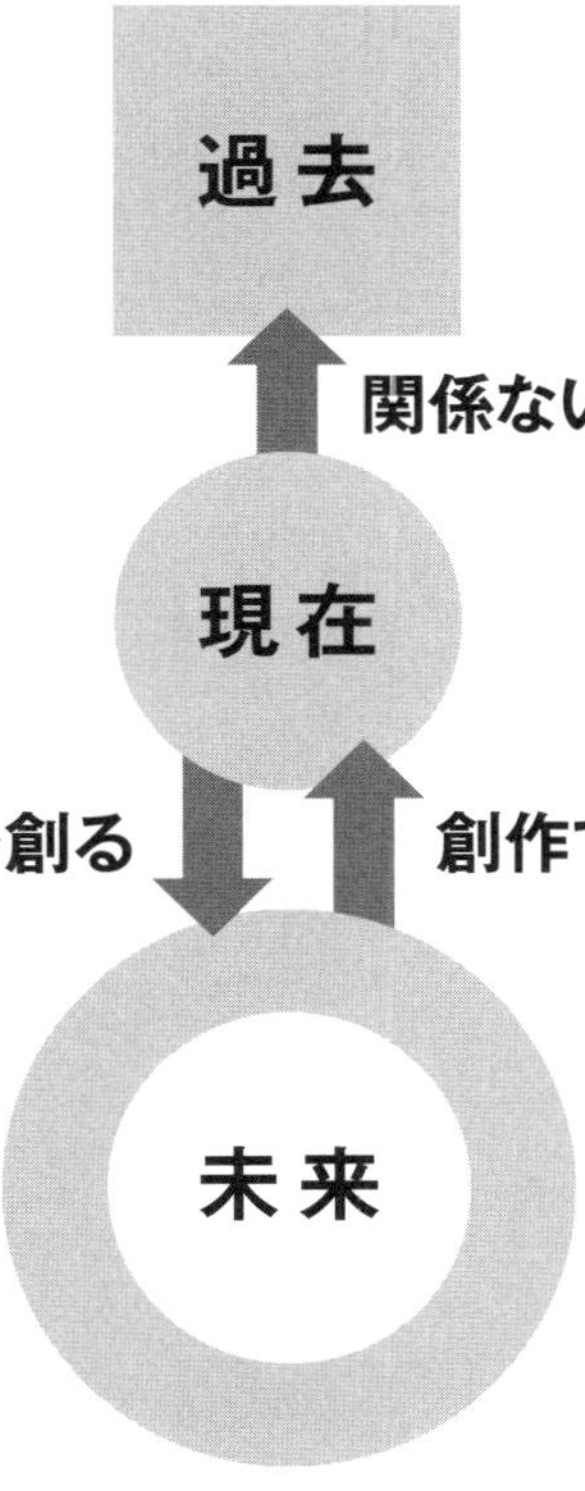

過去は自分の未来と関係がないと考える。
自由に未来の夢を描き、そこから今やることを
決めて実行すれば、望みは叶うということ。

しかし、この成功哲学は、多くの人たちを含むことができる成功哲学なのだろうか。たしかに、成功者の多くはそれを語る。しかし、過去の習慣を改め、自分がつくった新しい夢や人生の目標に沿って着実に実現していく人たちは、どれくらいいるのだろうか。また、その生き方を勉強してそれを実行できる人たちは、どれくらいいるのだろうか。

私は、いくら本を読み研修を受けても、「実際にそれを実行できる人は数%もいない」とあえて断言する。

また、そもそもなぜ成功者たちは、そのような強い意志と願望を持ち続け、夢をイメージし続けることができたのだろうか。私は、その目的がその人の過去の人生を貫くものの延長線上にあったからではないかと見ている。

ほとんどの人は「人生は思い通りにならないものだ」ということを、本当は知っている。なぜあなたは、自分が選択してきたことしか選択してこなかったのか。

自らの選択の積み重ねが唯一の現実

今ここに存在する「あなた」は、人生の出来事の積み重ねでできあがった特別な存在だ。今ある「あなた」は、唯一特別なものであり現実なのだ。私たちの人生は、今あるものしかあり得なかったし、それ以外の道を私たちは選ばなかったではないか。

多くの人たちは「今、自分は本当に望んでいることをしていない」と考えている。先にも述べたように、転職の大きな理由として、「この仕事は自分には向いていない。きっと他に自分の天職があるはずだ」と真剣に考えている。「今、そして過去が不十分であるがゆえに、自分の人生には問題があり、思い通りにならないのだ」と考える。

想いを実現するためには、新しい未来をつくり、それを実現するための新たな構造が必要であり、過去や現在を否定し、新たな生活習慣をつくらなければならない。

こうした考えに囚われているために、自分の生きてきた人生や自分の本質的なすばらしさを肯定できず、今の自分が空虚な存在としか感じられないのではないだろうか。

私たちは自分の人生の夢を求め、未来に心地よい目標やヴィジョンをつくろうとする。自分の行いや考えは、自分の意志で行う主体的なもので、自分の意志を研ぎ澄ませて生きれば達成できると考えている。

もし本などからノウハウを学ぶだけで自分の思い通りの人生を得ることができるなら、もうすでに半端な数ではない多くの人たちが、成功を手にしているだろう。

天命志向の成功

私たちがここで最後に探求する生き方は、来世志向でも未来志向の成功でもない。それは、日本の伝統的な考え方として存在している「志に生きる」という天命志向の成功だ。

戦国時代の代表的武将の織田信長は、部下の明智光秀に謀反を起こされ、天下を統一するという夢を果たす目前に自害した。坂本龍馬は、明治維新の成功を見る前に、京都の近江屋で何者かに殺害された。

西郷隆盛に至っては、子々孫々に到るまで朝敵と批判されることを覚悟して西南戦争を起こし、城山に散った。

このような例を挙げるまでもなく、戦国時代や明治維新の立役者たちの多くが志半ばで倒れている。彼らは、この世で成功を謳歌することもなく、現世に別れを告げた。

第二の成功哲学から見れば、現世で経済的、物理的な達成をしていないのだから、成功者とは言えまいが、今に至るまで多くの人たちが世の中を革新するという志を受け継いでいる。

織田信長は、間違いなく日本の近代を開いた革新的な男として、現在も多くの人たちを魅了している。また、坂本龍馬は薩長同盟の立役者であり、日本初の商社といわれる「亀山社中」を設立し、今も多くの人が憧れる存在だ。

西郷隆盛は、明治維新の最大の功労者と言われた男だ。しかし、日本の侍の精神を保存するために、西南戦争で朝敵となり散った。政府に反旗をひるがえしたにもかかわらず、とてつもない器を持った人として、今も多くの人たちから愛され続けている。

ならば、これらの希代の英雄の多くは、果たして来世の成功、つまり天国を夢見ていたのだろうか。たとえ彼らが仏教や神道を熱く信仰していたとしても、私には、そうは思えない。

戦国時代の武将や明治維新の志士たちの多くは辞世の歌を残している。私はかつて、それらを調査したことがある。そして、驚嘆した。それらのどれ一つとっても、この世の成功やあの世への期待を詠んだ歌ではない。明らかに「彼らは、来世や今世で成功するために生きたのではなかった」という思いが、私の胸に湧き上がってきたのだ。

仏教に熱く帰依していた上杉謙信は、次のような辞世の歌を残した（注20）。

極楽も地獄もさきは有明の　月の心にかかる雲なし

上杉謙信は、極楽でも地獄でも自分の人生の先を敢然と受け入れる心境だったのだ。肉食妻帯を禁ずる仏教の戒律を守り抜いたといわれる上杉謙信さえも極楽に行くことにこだわっていなかった。

来世志向や未来志向の成功に当てはまらない人たちが、どうして今もなお、私たちを魅了してやまないのだろうか。

これらの英雄の志は、今も私たちの魂の中に生きている。志は遺伝子のように連綿と受け継がれ、永遠の命を待っているのだ。

志に生きる人生

あなたは天国に行くために、あるいは未来に自分の物質的な利益を得るために、本当に生きているのだろうか。

もしそうだと言うなら、あなたにとって成功は常に未来であるがゆえに、「今、現実である」という「質」を欠いている。つまり、あなたは過去も今も成功していないのだ。

自分の人生は思い通りにはならない。それを受け入れることは、究極のプラス思考だ。自分の先祖をも含む過去を振り返り、動かない本質を見極め、そこから現れる志を実現していくことで、未来に向かって誇りを胸に生きることができる。

図31を見てほしい（279ページ）。

これは、自分の現在という今に、過去と未来を含む「中今《なかいま》」の生き方を現している。ただ自分の過去の人生に一貫してある本質に志し、未来の人たちのために今を生きるだけだ。

成功するからやるのではなく、失敗するからやらないのでもない。自分の天命に志したからやるのだ。あなたの利他の志は、必ず受け継がれていく。

あなたの成功とは何か

「五〇にして天命を知る」とは、孔子の言葉だ（注21）。

孔子は、道徳や礼儀を教え導くことが理想的な政治であると考えた。理想の政治をする君主を探し求めて、一四年間も放浪する。だが、その思いは実現せず、「自分には、その天命はない」と、諦めた。

孔子は、それまでやっていた私塾で弟子を教えることに専念し、ついに自分の過去の人生を貫く「育てる」ということに志した。

これこそが孔子の人生を貫く天命だったのだ。孔子が生涯に教えた弟子は全部で三千人といわれている（注22）。

孔子の名が中国思想史に残るのは、政治に挫折した後の活動によるといわれている。それは多くの優秀な弟子と書物が現れたからだ。もし孔子が政治家になって長く君主に仕えていたとしたら、今のような影響を世界に与えることはなかっただろう。

あなたの魂が真に望んでいるのはいったい何だろうか。

あなただけに与えられた天命に志して、過去と未来を含んで全身全霊で生きるプロセスこそが、人生の成功といえるかもしれない。この第三の成功を受け入れるとき、

図31　天命志向の成功哲学

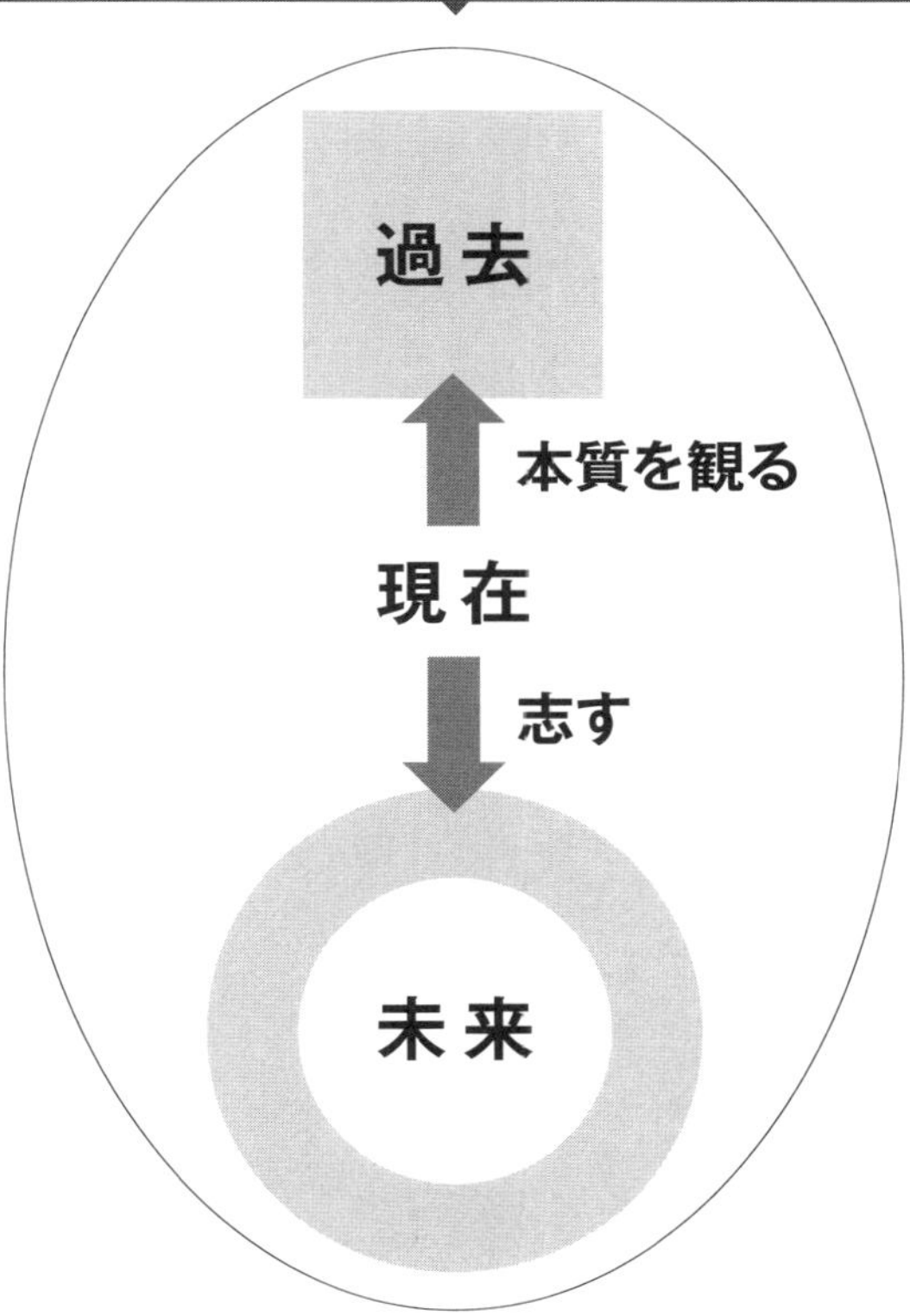

自分の現在に、過去と未来を含んでいる。
過去の中に一貫してある本質に志して、
未来の人たちのために今を生きる。
成功、失敗は関係なく、天命に志したからやるということ。

第二一番目の問いにも、答えが出てくる。

あなたは自分の人生を貫く「天命」に志すことができる。それを現実の仕事に形として現し始めたとき、それは、あなたしかできない独自性を帯びた仕事になっていく。

そしてあなたの志は、後世の人たちに必ず受け継がれる。

人間の幸せとは何か。三つの精神

天命に志すことで、あなたの究極の想いが透けて見えてくる。実は、人間の精神は三つからなると観ることができる。

図32を見てほしい（281ページ）。

心の奥底には魂がある。心は肉体があるがゆえに存在するから、誉めてもらいたかったり、楽しさや心地良さを求める。それが「快楽性」だ。魂は有限な肉体に収まっているがゆえに「専門性」があり、歌を職業にしたり、スポーツ選手になったり、彫刻家になったりする。価値観が異なり天職も違うのだ。

だが肉体が滅びたら魂を物理的に制限するものがなくなる。それが霊的存在、スピリットである。魂は専門性があり求めるものが違うが、その魂の奥には、すべてがつ

図32　人間の三つの精神

人間の幸せ

あなたの霊魂心がすべて満たされたとき、
初めて本当の幸せが訪れる。

ながったスピリットがある。世界を平和にしたい、皆を幸せにしたいという崇高な霊性である。

あなたも皆が幸せな世界を創りたくないか。

あなたがこの普遍性を持つ存在である自分を受け入れると、すべての人は同じ想いで一体となる。あなたは肉体を超えた霊的存在となると言える。

「出口さん、いったい何が言いたいんだ」とあなたは思うかもしれない。私は「あなたには良い世の中を創りたい。人びとを救いたいという途方もない崇高な想いがあり、それが本当のあなたである」と言いたいのだ。そしてそれはすべての人の中にある。

有限な肉体と心を持ちながら、自分が崇高な想いを持つ霊的存在であることを受け入れたとき、初めてこの霊魂心を満たすことが可能になる。

つまり、あなたは自分のない世の中を創りたいという崇高な想いを受け入れ、専門性を発揮し、それが喜びとなる。

だから雑巾の一拭きにもあなたの大きな霊性である平和の願いを込めることができる。一服のお茶にもあなたの愛を込めることができる。

あなたは有限の中に無限の命を吹き込むことができる。

霊魂心のすべてが満たされるとき、あなたに本当の幸せがもたらされる。あなただけでなく周りの人にもこの霊魂心の三つが満たされるように、家庭や仕事を変えていくことができるはずだ。

ポイント

あなたの魂は、自分を越えて自分の専門性で皆に貢献することを望んでいる。

最後の質問

「あなたは、今までの人生を受け入れ、自分を認めることができると思いますか」

楽天に生きる

私たちは、この時代、この国に、両親によって生を受けた。引き継いでいる遺伝子も、育った環境も選ぶことはできなかった。いわば私たちは、両親によって「この世界に投げ込まれた」といえる。

あなたは、自分の生まれ育った環境や両親を言い訳にして、過去の人生を、あるいは、その一部を否定的に見ているかもしれない。

もし自分の生まれ育った環境のせいで、自分の過去を否定的に見ているとするなら、真の意味で人生に責任をとっていないといえる。

あなたが、その否定された過去の出来事を肯定的に捉え、そこから人生を貫くものを導くことができるなら、自身の天命と根源にある人類の願いが見えてくるだろう。

人生を自ら肯定し統合していけば、その過程で、自分の意志ではない「投げ込まれた世界」の中に、自分を「投げ込む」という、人生への関わり方の質的転換が行われるからだ。

これこそが、生まれ育った環境や先祖、両親に与えられた「宿命」を自分の意志で、「運命」に転換する瞬間ともいえる。まさしくドイツの哲人ハイデガー流に言うならば、「投げ込まれた世界に自分を投げ込むことを、この人生の統合によって行う」ことができる（注23）。

つまり、あなたは投げ込まれた自分の人生を、自身に取り戻すことができる。仏教的にいえば、大いなる「他力」の中に、「自力」が生まれるのだ。

魂と心が一致する

一つの例を示そう。

父親のスパルタ教育と母親に対する暴言に反発し、父親を殴り倒し、二度と戻らないと家を出た熱血の男が、父親の急死で、教育会社を継ぐことになった。その後、経営者として、人として、経験を積んでいった。

あるとき、絶対に許せないと否定していた父親から、「真の国際人を育てる」という志を継いでいることを自分の中に発見した。

その瞬間に、これまでの父への恨みや、家を出ることで経験したさまざまな苦難も、すべて今の自分に必要であったと受け入れることができた。

そして、それらの経験は、親に対する溢れんばかりの感謝として現れた。彼は、社員総会の始めに必ずプロジェクターで父親の姿を投影し黙祷を捧げている。

私はそんな彼を尊敬してやまない。


私たちは、人生を心に翻弄される構造の中で生きてきた。しかし、それは、私たちの心が魂との関わり方を進化させるプロセスであったと見ることができる。さまざまな経験から心が鍛えられ、しだいに心と魂の想いが一致し、すべての人間の中にある霊性、「崇高な想い」から生きることができるようになる。

この霊魂心の一致のプロセスを示したのが図33だ（289ページ）。

私は、これまで不思議なことを観察してきた。自分の中にある普遍的で崇高な想いを受け入れ、自分の人生を統合し天命に志すようになった人は、顔だけでなく、立ち姿までも美しくなる。あたかも「天から一本の柱が頭から足裏に貫かれている」かのようだ。

さまざまな経験や出会いの一つひとつを、自分の人生に統合していく過程で、この美的変化が現れてくる。

人生の統合ができればできるほど、過去のさまざまな悲しみや苦しみ、まさに「業」とも「カルマ」ともいえる人生の引っ掛かりが消える。さらに、外見がまったく変わってしまうほど、素敵な顔と姿に変貌していく。

これまでそんな人を何人も見てきた。このような場面に立ち会えるのは、とても光栄で神聖なことだ。

あなたが天命を仕事や人生に生かす中で、このような変貌を遂げることができたらどうだろうか。

覚悟するという世界

自分の人生にある否定や嘆きに、正面から向かい合うことは、やさしいことではない。できることなら、過去はまったく白紙にして、新たに人生を創作できたらよいと思うかもしれない。実際に、このような考え方が多く存在することも事実だ。

図33　霊魂心の一致のプロセス

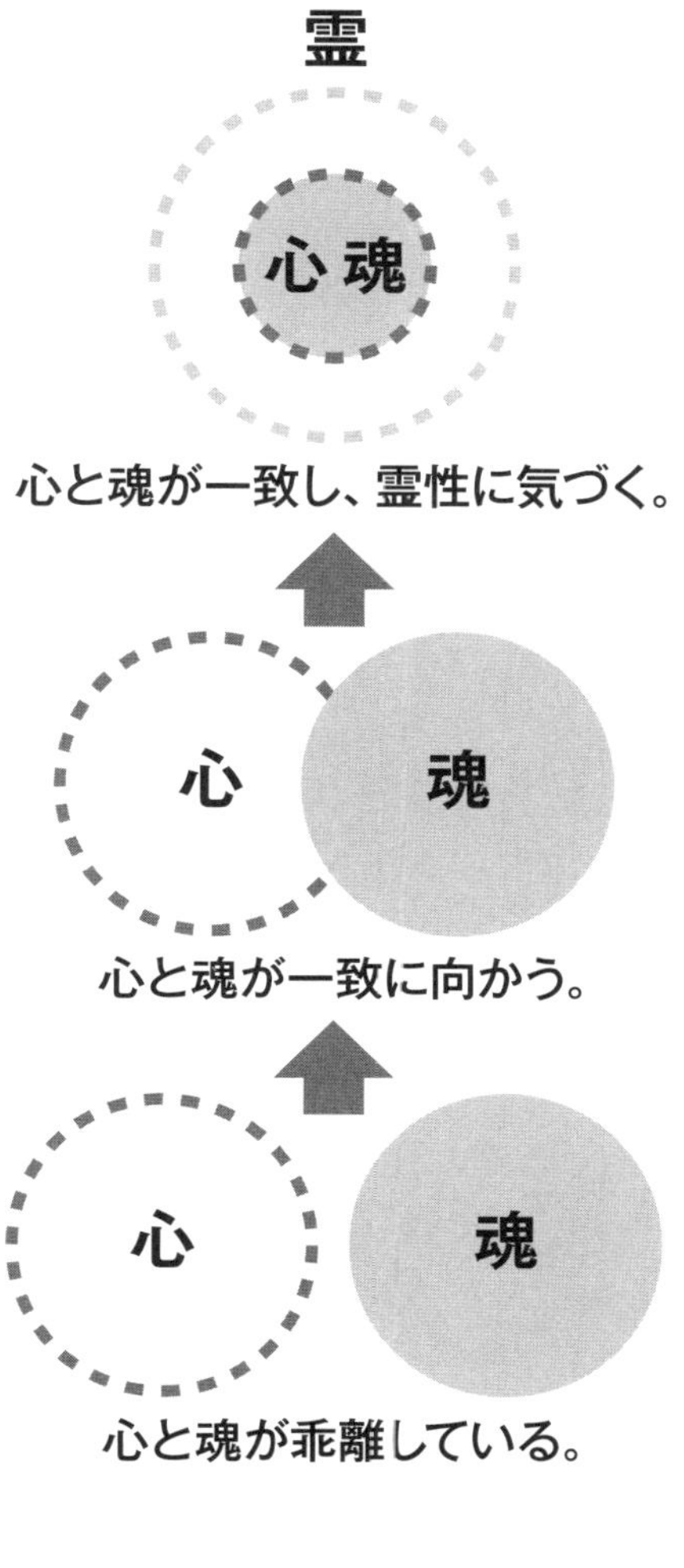
霊
心 魂
心と魂が一致し、霊性に気づく。
心
魂
心と魂が一致に向かう。
心
魂
心と魂が乖離している。

しかし、天命は過去の否定や嘆きの中に、あるいは互いの特徴の相互批判の中に、封じ込められている。人生の究極のエネルギーの源泉は、直感では捉えられない、思いもよらない形で存在している。

私のバカな体験から、その本質をつかんでほしい。

二〇〇五年の冬、私は生まれて初めてスキーをした。家族が行くというので、怪我をする不安も頭をよぎったが、仕方なく北海道に同行することにした。

家族は中級や上級の腕前だが、私は、スキースクールの入門コースに交じった。入門コースにもかかわらず、「滑れ」と言われた斜面は、直角にも見える恐ろしいものだった。しかもコーチは「体重を前にかけろ」と言う。私は直感的に「これは危ない」と思った。前に体重をかければ、頭から真っ逆さまに谷底に落ちるではないか。

このとき、コーチの話を理屈では理解するものの、「恐ろしくてできない」と私の心が嘆いた。直感力のある私は指導に反し、当然、体重を後ろにかけた。すると、思い切り転んでしまった。

その後、何度も何度も転んでしまった。もう絶望的だった。ついに、私はコーチの言うことを聴くことにした。恐れを振り払い、谷底に落ちてもいいという覚悟をして体重を前にかけた。

すると、スキーは滑らかに滑り出した。直角にも思えた斜面はなだらかだった。風を切りながら見たのは、一面の輝く銀世界だった。

スポーツの世界にはコーチがいる。しかし、あなたの人生にコーチはいない。自分の天命に直面し志すプロセスは、生やさしくはないし、恐ろしくもある。しかも「嘆き、怒り、不安、諦め」の中に顔を突っ込むのは、直感に反するかもしれない。

しかし、人生の宝は苦難の中にあるのだ。あなたが勇気を持って自分の人生に直面し、心を鍛え天命に志すなら、自分の運命は力強く好転し、そのあとには輝く世界が待っているだろう。

別の表現をすれば、このような人生には、天命、天職を楽しむという、本物の「楽天」の世界が待っている。

人生には良いときもあれば、苦境のときもある。どのような環境であろうと惑わされず、あなたは真の意味で楽天的に生きることができるだろう。

さらに、本書でつかんだ方法で、周りの人たちの天命を見抜き、互いに天命を志し、その志を共有できる生涯の氣脈をつくる可能性が、あなたには開かれている。

いったん志しても、また揺れることが人間の常だ。そのようなときに、志を共有するこの氣脈は、あなたの揺れを指摘し元に戻させてくれるだろう。

相手の顔色ばかりを気にしても、何度朝まで飲んでも、本当の人間関係は築けない。お互いの志を共有し、お互いのすばらしさを知っている関係である氣脈こそが、あなたの仕事や組織に活力を生み、一人ひとりの人生を達成と満足に導いていく。


最後にもう一度言いたい。

私たちは、過去の人生の中で天命を実行してきた。そして、嘆きや過去の人生、相互批判の言葉が暗示する中に、天命があった。今後もそれは変わらないだろう。

そして世界には、良い世の中を創ろうというあなたの同志があまたいる。その人たちとあなたが出会うことができる。

さて、いよいよ最後の質問になった。本書を通じて秘されていた第二二の問いは、これだ。

最後の質問「あなたは、今までの人生を受け入れ、自分を認めることができると思いますか」

私も自分の先祖と過去の人生を受け入れることに、年月と経験が必要だった。

神に生きまた恋に生き花に生き　希望に生きて百年生きむ（注24）

これは、戦前二度にわたる宗教弾圧を受け、投獄された私の曽祖父の楽天の境地である。

もしあなたに天命があることを受け入れるなら、あなたは今までの人生を認めることができ、次の人生の幕が開かれる。

私たちの心の奥底には、すでに崇高な想いが潜んでいる。その崇高な想いを自覚してそれを志にまで高めて、自分の人生で具現化していく生き方である。

あなたには、どんな想いが魂の領域から出てきただろうか。

それを二八文字前後の短い一文にしてほしい。そして百日間、歩きながらでも構わない、朝晩九回ずつ唱えよう。不思議なことに、あなたに力が満ち、明るく行動的になるだろう。天命のお百度参りだ。言葉が短く洗練され、天命がしだいに熟成されていく。

初めは確信が持てなくても、言葉が変わっても構わない。むしろそれが自然だ。そこから天命に志して生きる、あなたの新しい人生が始まる。

不思議なことに、あなたに凛とした輝きが現れ、周りの人たちから「最近変わったね」と言われるだろう。

もう一つしてほしいことがある。それは、あなたの大切な人の話に耳を澄ませて、相手の「天命動詞は何だろう」と意志を持って聴くことである。そして二人で未来を話しながら、互いの志と自身が持つ専門性を共有する関係を創ろう。これが志と専門性でつながる氣脈だ。

志と氣脈は、あなたの人生を動かしていく両輪である。たとえどんなに志があっても一人でやれることは限られているし、氣脈のできない志は、本当の志ではないともいえる。

あなたも志と氣脈で人生を切り拓き、共に天命に生きる新しい人生を始めませんか。

ポイント

あなたの人生の出来事はすべて
天命を実行する中にある。
ただそれに気づき、受け入れればいい。

あとがき　私たちに共通の天命

現代社会に大きな進歩と経済的な豊かさをもたらしたこれまでの文明は、地球環境の破壊、富の集中と大きな経済格差、そして、人間精神の破壊を生み出している。

もはや物心両面の環境破壊は地球レベルであり、私たち一人ひとりの「天命」を全うする基盤そのものが危機に瀕しているのである。

人間には二つの側面がある。

欲に揺れ動く心とその奥底にある気高い魂の想いが存在し葛藤している。私たちの内面で起こっている心と魂の葛藤が、地球レベルで現れている。まさに人類の危機である。

私たちは魂の想いに目を向けなければならない。

魂の究極な想いとは何か。

それは、「皆を幸せにしたい」「戦争や貧困のない平和な世界にしたい」という途方もない救世の想いである。あなたもその想いを抱いているのではないだろうか。この想いは、二一世紀初頭の時代の衝動によって、ますます強くなっている。

私たちは地球のことを考えて、志を立て、社会の問題を解決していく必要がある。そのために大切なことは、縄文の時代から今に至るまで、脈々と日本人と日本文化に流れている万物に命を感じ、尊び、自然と共生する生き方である。そして、先祖を敬うだけではなく、未来の子どもたちを大切に考えて生きる中今の精神である。

この時空を超えてすべてを含もうとする「和の精神」は、日本人だけではなく、世界の人たちの心の奥底にも潜んで信号を送っている。

今こそあなたも、この時代の衝動を感じ、天命に志して、志ある人たちとつながって、共に世界の器を変えようではないか。

出口　光

謝辞

この本は、日本経営合理化協会の「ＷＥＢ社長塾」に書いた「天命と経営」を元に書かれている。この機会をつくっていただいた日本経営合理化協会の坂上公太氏に感謝する。

また、メキキの会の同志であり、この本のためにさまざまな角度から、アドバイスをいただいた、安生祐治　内田裕士　岩切敏晃　上田佳穂　榎本和生　岡本朝子　粕川敏夫　倉川悦子　倉川清志　栗山泰充　古賀由光　財木孝太　笹公人　佐藤公彦　佐藤幹夫　佐々木喜一　正司脩子　城福えつこ　城川佳子　鈴木富司　勢口秀夫　出口汪　出口眞人　中島日出夫　東野りつ子　廣岡徹　福島由美　増永修、宗像千佳　矢作修　山崎富士夫の各氏にお礼を述べたい。本書は、メキキの会の場から生まれたものだ。

中経出版の菊池正英氏は、私の拙い文章を認めて、何度も読んでいただき、出版の機会を賜った。鈴木あつこ女史には私の原稿を編集していただいた。

最後に、私の家族である出口美登里　美月　太朗　母操に感謝をしたい。

新版にあたっての謝辞

このたび、旧版の『天命の暗号』の出版をしていただいた元中経出版社長の安部毅一さんに、「新版を出そう」と言っていただき、この本が新しく世に出ることとなりました。また、装丁のことも気にかけていただき、ご好意に感謝申し上げます。

あさ出版　代表取締役　佐藤和夫さん、この時代にこの出会いと出版の機会をくださり、ありがとうございました。

世阿弥は、「見所より見る所の風姿は我が離見也」「離見の見にて見る所は、即、見所同心の見也」と書いた。見所とは、観客のことであり、観客の目で自分を見ることの大切さを伝えている。

12 世阿弥　一九五八 「風姿花伝」 岩波文庫

13 福澤諭吉　二〇〇二 「丁丑公論・瘠我慢の説」（福澤諭吉著作集第九巻） 慶應義塾大学出版会

14 中村天風　一九八八 「成功の実現」 日本経営合理化協会出版局

15 伊達政宗　天下を狙い何度も危機に陥りながら、戦国時代から江戸時代にかけて生き抜き、伊達藩を守り抜いた。不動の魂を先頭に立て、憂き世を照らして生きることこそ楽天の境地なのだろうか。

16 小倉昌男　一九九九 「小倉昌男　経営学」 日経ＢＰ社

17 福島申二　二〇〇六 「ニッポン人脈記　桜の国で②」 朝日新聞社

18 ヴィトゲンシュタイン、ルートヴィッヒ　一九六八（一九二二）「論理哲学論考」 藤本隆志・坂井秀寿（訳） 法政大学出版局

19 ニーチェ、フリードリッヒ　一九六七（上）、一九七〇（下） 「ツァラトゥストラはこう言った」 氷上英廣（訳） 岩波文庫

20 上杉謙信　出家していた謙信は、極楽という世界を知りながら、なぜ天国であろうと地獄であろうと、引き受ける気概を持ちえたのか。宗教を超える内なる規範である「志」を持っていたのではないだろうか。

21 孔子　一九七三 「論語」 中公文庫

22 白川静　二〇〇三 「孔子伝」 中公文庫BIBLIO
孔子は、自分の天命は「育てる」ことだと認識していたのではないだろうか。

23 ハイデガー、マルティン　二〇〇三 「存在と時間」（Ⅰ―Ⅲ） 原佑 渡邊二郎（訳） 中央公論新社

24 出口王仁三郎　一九二六 「霊界物語」（第67巻） 天声社
出口王仁三郎率いる教団は大正一〇年と昭和一〇年に二度にわたり、国家から宗教弾圧を受けた。

注

1　シェイクスピア、ウィリアム　一九八三　「ハムレット」(シェイクスピア全集　第23巻)　小田島雄志(訳)　白水社

2　三浦綾子　二〇〇一　「細川ガラシャ夫人」(三浦綾子小説選集)　主婦の友社

キリシタンである細川ガラシャは自害を禁じられていたので、自らの命を家老小笠原少斎に胸を貫かせて死んだと言われるが、それは形式であり、事実上の自害であることには変わらない。

3　渋沢栄一　一九九二　「論語と算盤」　大和出版

4　佐藤貢悦　一九九六　「古代中国天命思想の展開」　学文社

周王朝時代の封建制度においては、王が天命を受け、天の代行者として国を統治するという考え方が存在した。

5　小坂秀二　一九九一　「わが回想の双葉山定次」　読売新聞社

6　新村出(編)　一九九八　「広辞苑(第五版)」　岩波書店

7　西郷隆盛　二〇〇六　山田済斎(編集)「西郷南洲遺訓」　岩波書店

8　西郷隆盛　一九九五　「江戸漢詩選(四)志士」　坂田新(注)　岩波書店

西郷隆盛は流罪地で次のような嘆きの漢詩「偶成」を残している。

雨は斜風を帯びては敗紗を叩き
子規　血に啼いて冤を訴うることかまびすし
今宵　離騒の賦を　吟誦すれば
南竄の愁懐　百倍加わる

雨は横ざまに吹きつける風によって、破れたとばりを叩いている。ほととぎすが血を吐くような声でしきりに鳴きつるのは、無実の罪を訴えるかのようだ。この夜、屈原の「離騒」を朗読していると、南の島に流された身の憂愁が百倍にもなってしまった。

9　与謝野晶子・山川登美子・増田雅子　一九〇五　「恋衣」　本郷書院

10　吉田松陰　一九九〇　「留魂録」　古川薫(訳)　徳間書店

処刑の七日前に父親に宛てた永訣書の冒頭にかかげられたものである。

11　世阿弥　一九七六　「世阿弥芸術論集(花鏡)」　新潮社

著者紹介

出口 光（でぐち・ひかる）

京都生まれ。日本学ユニバーシティ（JU）学長。一般社団法人志教育プロジェクト理事長。教育立国推進協議会第四分科会座長。慶應義塾大学心理学三田会会長。茶道裏千家淡交会東京第六西支部副支部長。

慶應義塾大学で実験心理学を専攻、米国カンザス大学大学院で応用行動分析学を学び、博士号を取得（Ph.D.）。慶応大学、明星大学で教鞭をとり、学会誌「行動分析学研究」の編集長を務める。その後、東証一部上場企業タカキューの社長を8年間務める。発明家として70以上の特許を取得。柔道三段。

著書に『人の心を動かす伝え方』（あさ出版）、『幸せになる言葉 幸せにする言葉』（水王舎）、『人の心が手に取るように見えてくる』（中経出版）、『聴き方革命』（徳間書店）、『クリエイターのための著作権術』（オンブック）、『Real Rich Life』（Omoikane Books）など、多数。

ホームページアドレス　https://japanology.site/

新版《しんぱん》　天命《てんめい》の暗号《あんごう》　〈検印省略〉

2018年　7 月　7 日　第 1 刷発行
2023年　8 月 20 日　第 2 刷発行

著　者——出口 光（でぐち・ひかる）
発行者——田賀井 弘毅

発行所——株式会社あさ出版
〒171-0022 東京都豊島区南池袋 2-9-9 第一池袋ホワイトビル 6F
電　話　03 (3983) 3225（販売）
　　　　03 (3983) 3227（編集）
F A X　03 (3983) 3226
U R L　http://www.asa21.com/
E-mail　info@asa21.com
印刷・製本 プリ・テック(株)

note　http://note.com/asapublishing/
facebook　http://www.facebook.com/asapublishing
twitter　http://twitter.com/asapublishing

ISBN978-4-86667-051-5 C2034

プレゼント案内

特典❶

「出口光と日本の未来勉強会」にご招待

勉強会の情報はLINEオープンチャット「出口光と日本の未来」にて定期的にご案内しています。

LINE オープンチャット
「出口光と日本の未来」

勉強会
アーカイブ動画

特典❷

出口光 note

出口光の考え方を学びたい方はnote をご覧ください。

https://note.com/nakaima567

特典❸

出口光公式メールマガジン登録

http://bit.ly/3Cw9plf

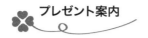